DE L'IMPOT

SUR

LE REVENU

PAR

J.-A. GUIGARD.

Prix : 2 Francs.

PARIS,

SE VEND CHEZ L'AUTEUR,

Rue de l'Arbre-Sec, 35,

ET CHEZ TOUS LES MARCHANDS DE NOUVEAUTÉS,

1849

DE L'IMPOT

SUR LE REVENU.

Paris. — Imp. Lacour et Ce, rue Souflot, 11.

AVANT-PROPOS.

J'aime par goût la paix et la tranquillité du foyer domestique; j'ai peu de sympathie pour les choses politiques, pour les bruyantes discussions. Je n'ai jamais occupé aucun emploi, pas même celui de caporal de la garde nationale. Enfin, je suis resté jusqu'ici assis tranquillement au parterre de la société, me contentant d'étudier et de suivre le jeu de nos grands acteurs politiques, d'apprécier à ma manière la mise en scène de tous les drames, de toutes les comédies qu'on a fait représenter sous mes yeux, sans rendre publiques les impressions que j'en recevais.

J'ai soixante ans passés; mon séjour à Paris date de quarante ans; j'ai vu l'empire dans toute sa splendeur, et toute sa force. Ce colosse qui pressait sur l'univers entier, qui semblait dominer les destinées du monde, dont la durée paraissait défier les siècles, je l'ai vu tomber. Une famille exilée dans un coin de l'Angleterre, tout-à-fait oubliée, surgit tout-à-coup et vient ressaisir les débris de ce vaste empire. Son règne fut de courte durée, l'ancien chef de l'empire avait laissé des souvenirs de gloire dans la nation tellement profonds, et les sympathies de ses vieilles phalanges lui étaient restées tellement fidèles, qu'il n'eut qu'à se montrer sur le rivage pour que toute la nation courût au devant de lui. Les Bourbons furent de nouveau forcés de prendre le chemin de l'exil.

L'empire restauré n'eut qu'une durée éphémère; ses destinées se jouèrent aux champs de Waterloo. Le héros de Marengo, des Pyramides, perdit la partie. A son tour il dut reprendre le chemin de l'exil.

Pour la seconde fois, l'antique trône des Bourbons fut relevé, au milieu des difficultés les plus graves; outre les passions politiques et religieuses qui créaient sur tous les points de la France une réaction terrible, qui faisaient naître des embarras incessants, ce malheureux gouvernement se trouva en proie aux excès, qui sont la suite inévitable d'une affreuse disette. Il fallait faire face aux dépenses énormes occasionnées par l'invasion étrangère, et par l'occupation militaire d'une partie de nos départements par des phalanges ennemies. Ce gouvernement qui avait à combattre des préventions de tous genres, des exigences impatientes à ménager et à satisfaire, qui devait faire face à tant de besoins urgents à la fois, qui n'avait ni finances, ni armée, ni administration organisées; qui n'avait pour ainsi dire, aucune base légale, puisqu'il ne pouvait évoquer ni rétablir l'ancien ordre de choses, ni s'appuyer sur les constitutions impérialistes ou républicaines, ce gouvernement enfin, qui n'avait autour de lui que ruines, que désastres, trouva néanmoins le moyen de créer le crédit, qui avait entièrement disparu, de faire refleurir le commerce, l'industrie et les arts; bref il parvint à se procurer des ressources qui le mirent à même de faire face à tous les besoins du moment, et lui fournirent les moyens de s'organiser et de marcher.

Les esprits consciencieux n'ont pu s'empêcher de rendre justice à la prudence et à la sagesse du chef du gouvernement d'alors. En effet, il était parvenu à calmer les passions, à tranquilliser les intérêts en confirmant les ventes des biens nationaux, et en les légitimant au moyen de l'indemnité du milliard voté pour les émigrés. Cette mesure fut différemment appréciée; en France elle fut amèrement critiquée, tandis qu'en pays étrangers elle fut l'objet des éloges de tous les hommes d'État et de tous les financiers d'une certaine valeur. Ce qui mit le comble à la confiance qu'on avait en ce gouvernement, ce fut son empressement à acquitter avec loyauté toutes les dettes des gouvernements qui l'avaient précédé, à respecter tous les engagements qu'ils avaient contractés, à protéger tous les droits acquis.

La bonne foi et la franchise qui furent employées par Louis XVIII comme principe et levier gouvernemental, eurent des résultats immenses : tous les financiers de l'univers se donnèrent rendez-vous à Paris; il n'y eut pas une maison de banque d'une certaine importance, de quelque place que ce fût, qui ne voulût avoir un comptoir à Paris. Les capitaux affluèrent de toutes parts. Le commerce d'exportation prit des développements immenses. Les caves de la Champagne, de la Bourgogne, du Mâconnais, des Côtes du Rhône, du Bordelais, qui regorgeaient de vins se vidèrent, comme par enchantement. Les articles de Paris, les objets de modes, les soieries de Lyon, de Saint-Étienne, les draps, les objets de goût, s'enlevèrent à des prix très avantageux : enfin la plus grande prospérité commerciale et financière ne cessa de régner jusqu'au décès de ce monarque.

A sa mort les affaires de l'État étaient on ne peut plus prospères, nous étions en paix avec toutes les puissances; le régime constitutionnel se consolidait, la guerre des anciens et des nouveaux intérêts était heureusement terminée par l'indemnité du milliard accordé aux émigrés, toutes les questions irritantes paraissaient apaisées, les finances, le commerce, l'industrie, les arts étaient dans l'état le plus florissant : Charles X prenait donc les rênes du gouvernement sous les auspices les plus favorables. Son avènement au trône fut aceueilli avec les plus grandes démonstrations de confiance. Tout semblait présager un règne de prospérité, de bonheur et de tranquillité. La bonté du monarque, son amour prononcé pour le bien, n'était l'objet d'aucun doute; mais hélas! il n'avait ni la perspipacité, ni l'expérience de son frère. Ce dernier, dès sa plus tendre jeunesse s'était livré aux études les plus sérieuses et les plus approfondies de la haute politique, il connaissait à fond les hommes et les choses, il n'en était pas de même de Charles X, esprit à la vérité plein de droiture, de bonne foi, et animé des meilleures intentions; mais sans expérience pour les affaires, sans connaissance du cœur humain; il ne tarda pas à être dominé par des coteries aveugles qui l'absorbèrent entièrement. Les meilleurs conseillers de la couronne, ses amis les plus sincères, hommes de savoir, d'expérience et de dévouement : les Châteaubriand, les Hide-de-Neuville, les Martignac, etc., s'éloignèrent de la direction des affaires. Les destinées de la France furent livrées à des mains inhabiles; une réaction passionnée, furieuse ne tarda pas à se manifester sur tous les points de la France. Tout le fruit de l'œuvre de pacification que la sagesse de Louis XVIII avait préparée avec tant de zèle et de persévérance, fut perdu pour toujours. Les haines politiques et religieuses se reveillèrent plus vivaces que jamais. Il ne fallut plus au service du pouvoir que des hommes d'une exaltation frénétique; les hommes sages, modérés et d'expérience consommée furent impitoyablement sacrifiés; la stupidité aveugle, le fanatisme intolérant tinrent lieu de tout mérite; aussi ce malheureux gouvernement, conduit par des conseillers perfides ou ignorants, ne tarda pas à perdre toutes les sympathies de la nation. Un duel à mort fut provoqué entre les anciens intérêts et ceux que la révolution de quatre-vingt-neuf avait créés, et que le temps avait sanctionnés. La querelle se vida aux journées de juillet. L'antique trône des Bourbons fut brisé, les intérêts anciens, la destinée des vieilles familles restèrent sur le champ de bataille.

Un prince, dont les antécédents révolutionnaires, ainsi que ceux de sa famille, semblaient offrir des gages de sécurité aux intérêts nouveaux, se trouva fort à propos en position de relever le trône que l'émeute venait de renverser. Plein d'astuce, de ruse, de duplicité, il avait su habilement se faire des amis, des prôneurs, des prosélytes de tous ceux qui, de près ou de loin, tenaient aux principes, aux idées, aux choses que les événements qui s'étaient succédé depuis 89, avaient créés et que le temps semblait avoir définitivement légitimés. La partie énergique de la nation, la jeunesse, les héros de la république et de l'empire, voyaient avec dépit les hommes de l'ancien régime, les émigrés, les Vendéens, objet de prédilection de sa part, non-seulement les accueillir avec froideur et dédain, mais encore méconnaître leurs anciens services, les couvrir d'opprobre, les repousser avec mépris toutes les fois que l'occasion s'en présentait; ces hommes saluèrent la venue du nouveau monarque avec des transports de joie frénétiques. Les basses classes de la société en furent émerveillées; des poignées de mains, des levées de chapeaux distribuées à profusion, lui attirèrent les sympathies de la foule, qui le qualifia de roi populaire. L'armée, la garde nationale, le commerce, la banque, les arts saluèrent son avènement au trône par les démonstrations les plus vives et les plus sympathiques. Ces commencements heureux, en apparence, ne furent pas de longue durée.

Le but étant atteint, le prince était enfin assis sur le trône qu'il avait tant convoité, mais la foule des nouveaux courtisans qui l'entouraient, était d'une composition tellement bizarre, tellement étrangère aux usages et à l'étiquette de la cour qu'il devint indispensable de faire une grande épuration; des invitations aux fêtes, aux réceptions de la cour, commencèrent à se faire avec plus de discernement, les turcarets de l'épicerie, de la boulangerie, de la boucherie, de la charcuterie furent mis de côté, petit à petit. Les chers camarades de la garde nationale se virent aussi l'objet d'une certaine indifférence, les revues se firent moins fréquemment, et, depuis l'attentat de Fieschi, elles cessèrent tout-à-fait. D'un autre côté, les combattants de juillet, voyant le fruit de leur révolution leur échapper, et leurs projets ambitieux tout-à-fait détruits, reprirent leurs anciennes menées ténebreuses, de nouvelles sociétés secrètes se réorganisèrent, une opposition des plus violentes ne tarda pas à se manifester soit dans les journaux, soit dans des brochures politiques. Les passions s'échauffèrent d'une manière effrayante : les partis exaltés ne tardèrent pas à descendre dans la rue ; les armes furent de rechef appelées à décider du sort du nouvel état de choses. Le parti de l'ordre triompha. L'émeute vaincue, terrassée, laissa le gouvernement tranquille pendant quelque temps. Mais des actes impopulaires ne tardèrent pas à attirer au chef de l'État l'animadversion des masses. L'avidité des courtisans, le cynisme de leur conduite, la corruption des employés les plus élevés en dignité, corruption qui amena sur les bancs du crime d'anciens ministres, des magistrats, des pairs de France, des officiers attachés à la cour surpris en flagrant délit d'escroquerie, la démoralisation qui s'infiltrait dans tous les membres de la société; toutes ces causes ôtèrent à ce gouvernement toute influence morale; méprisé au dedans, déconsidéré au dehors, sans dignité dans les relations avec les puissances étrangères, humble et bas jusqu'à accorder les vingt-cinq millions aux États-Unis, que tous les gouvernements précédents avaient eu le courage de refuser, poussant l'infamie jusqu'à souscrire à l'indemnité Pritchard; est-il étonnant qu'au premier souffle de l'émeute, ce gouvernement, qui n'avait cherché son point d'appui que dans la corruption, ne succombât misérablement. Tous ses partisans, tous ces hommes à grandes démonstrations de dévouement disparurent au moment du danger; quand la bourgeoisie révolutionnaire soufla sur le trône de juillet, il n'y eut plus personne pour le défendre. Roi, institution, trône, tout disparut; où étaient ses défenseurs? Qu'étaient-ils devenus?

Notre premier gouvernement républicain eut pour appui et pour levier gouvernemental l'amour excessif et mal compris de la liberté. A ce magique nom de liberté, un million d'hommes prirent les armes. Tous les rois conjurés furent vaincus; mais les excès sanglants auxquels ses partisans aveugles se livrèrent en son nom : les noyades de Nantes, les boucheries de septembre, les exécutions horribles de Lyon, de Paris, d'Arras en firent un objet de répulsion. A la chute de Robespierre et de la Montagne, une réaction terrible se manifesta sur tous les points de la France. Ce ne fut plus au nom de ce fantôme sanglant de liberté qu'on put impressionner les masses, les exalter, les diriger. Le bonnet rouge, emblême d'une liberté désordonnée dut disparaître de nos étendards, il fallut le remplacer par d'autres symboles plus en harmonie avec l'esprit de l'époque. Le chef illustre qui venait de couvrir de gloire le nom français par ses victoires d'Italie et d'Egypte, crut que l'esprit du peuple accueillerait avec enthousiasme le culte de l'honneur; il en fit l'âme de sa politique. Des sabres, des fusils d'honneur furent distribués aux braves qui s'étaient distingués par des actions d'éclat. Bientôt un ordre de chevalerie fut créé ; et Dieu sait combien de héros cette mesure tout à la fois sage et politique enfanta. C'est au moyen de ce levier puissant que Bonaparte, consul, que Napoléon, empereur, parvint à exalter les têtes, à fanatiser les esprits. Ses soldats, pour obtenir ce signe distinctif des braves, affrontèrent tous les périls, supportèrent toutes les privations, coururent tous les dangers du fond de l'Italie aux extrémités de l'Espagne et du Portugal, du midi de l'Europe aux climats glacés de la

Russie; partout ils promenèrent leurs étendards triomphants, et les hissèrent sur presque toutes les capitales.

Des revers ne tardèrent pas à arrêter le triomphateur dans sa marche; car le destin semblait avoir épuisé envers lui les sources de la prospérité; à compter des désastres de Moscou, son étoile perdit de son éclat. Néanmoins, au milieu des malheurs qui l'accablaient, des événements tous plus sinistres les uns que les autres, qui se succédaient, son cœur de bronze, sa tête de fer ne furent point ébranlés. Debout au milieu de ce vaste empire qui s'écroulait de toutes parts, ce héros formidable ne perdit point courage. On peut dire de lui, comme du sage : *Si fractus illabatur orbis impavidum ferient ruinæ.*

Sa retraite des frontières de la Pologne aux bords du Rhin ne fut qu'une lutte sanglante; chaque pas de terrain perdu fut disputé avec acharnement; enfin, il fallut revenir aux vieilles limites de la France, il fallut même les franchir. La lutte se prolongea sur le sol français ; loin d'être abattu par tant de revers, Napoléon redoubla d'énergie et d'activité. Ses phalanges électrisées par l'exemple de leur chef, devinrent des lions. La résistance fut terrible. Ces vieux débris de la République et de l'Empire, ces vieux restes de tant de gloires et de triomphes furent enfin écrasés. Le grand homme, ses conquêtes, tout disparut.

L'amour de la liberté avait enfanté des merveilles au commencement de notre première révolution, l'amour de la gloire et de l'honneur en enfanta de plus grandes encore sous l'empire. Mais ces deux grands ressorts avaient été trop tendus, ils ne tardèrent pas à s'user.

Au départ du héros, il ne restait en France que des ruines de liberté, des débris de gloire, des lambeaux d'institution.

Cependant, il fallait un moteur au nouvel ordre de choses, il lui fallait un point d'appui. Après les saturnales sanglantes de la Terreur, après les luttes glorieuses et fatales de l'Empire, les grands mots de liberté, de gloire, d'honneur avaient perdu toutes leurs forces; l'abus qu'on en avait fait fit place à l'indifférence et même au dégoût.

A l'arrivée de Louis XVIII, les esprits étaient fatigués de tant de luttes, de chocs, de bouleversements. Tous les hommes sages voyaient dans une réconciliation franche et sincère avec les puissances étrangères un gage de bonheur et de prospérité pour la France. Le mot de paix universelle fut accueilli avec les transports d'une joie immodérée. L'empressement qu'on manifesta pour l'obtenir à tout prix fut cause qu'on ne l'obtint qu'à des conditions assez dures.

Le nouveau gouvernement, à la tête duquel venait de s'établir un monarque sage et habile, saisit avec empressement le goût dominant de la nation pour la paix et la tranquillité. Il s'identifia avec ce penchant; il en fit le nerf de sa politique; tous les esprits droits, tous les hommes de quelque poids, de quelque valeur en finance, en politique, en administration, en législation, concoururent à donner à cette marche une impulsion sage et modérée. Louis XVIII mourut laissant la France en paix avec l'univers, en paix avec elle-même; les finances, le commerce, les arts, l'agriculture en pleine prospérité. Ce monarque sera longtemps regretté des gens de bien.

Son successeur, Charles X, ne suivit malheureusement pas les traditions de son prédécesseur. Les principes de sa politique s'éloignèrent de ceux que son frère avait mis en pratique. Les hommes à idées surannées crurent que le moment était venu de faire triompher leur système. La France se couvrit de missionnaires furibonds; partout on vit s'élever des croix de mission. La liberté des cultes, consacrée dans la Charte, fut réduite à l'état de lettre morte et détruite de fait. La loi du sacrilége mit dans les mains du clergé une arme puissante dont il usa et abusa. Dans son ardeur inconsidérée, il crut pouvoir facilement métamorphoser la société : ce n'était plus le mérite qui était accueilli, recherché, toutes les dignités, tous les emplois étaient une prime accordée au fanatisme et à l'hypocrisie ; toutes les personnes dont la conscience n'était pas assez souple et assez flexible pour se prêter à toutes les exigences d'une camarilla de sacristie, furent impitoyablement repoussées de tous les emplois, de tous les honneurs. Beaucoup d'employés furent destitués ; ceux qu'on supporta n'eurent aucun avancement. Aussi ce gouvernement, qui avait mis toute sa force dans l'exagération des pratiques religieuses, ne tarda pas à perdre les sympathies de la nation, et même de l'armée. Il se trouva bientôt réduit à une espèce d'isolement. Loin d'ouvrir les yeux, les partisans de l'obscurantisme persistèrent dans leur aveuglement. Les embarras que leur fatal système faisait naître à chaque pas, les irritèrent, les poussèrent aux coups d'État. La chambre des députés fut dissoute, la liberté de la presse supprimée, la charte détruite. Cette arche d'alliance que la sagesse de Louis XVIII avait placée sur la France comme garantie des anciens et des nouveaux intérêts, comme gage de paix et de réconciliation entre les Français du nouveau et de l'ancien régime, ce symbole de concorde, cet ancre de salut, fut détruite.

Ce coup d'État remplit les esprits d'inquiétude pour le présent et pour l'avenir. Qui n'a pas vu Paris le jour de la publication des fameuses ordonnances ne peut s'en faire une idée. Les boutiques se fermèrent, le peuple des faubourgs et des quartiers populeux descendit dans la rue. La lutte se préparait de toute part, lutte énergique, lutte impie où le sang français allait couler à flots. Les partis ne tardèrent pas à se trouver en présence. Le combat s'engagea. Le trône et la couronne restèrent sur le champ de bataille.

Le principe est au gouvernement ce que l'âme est au

corps. Un gouvernement sans principe fondamental est donc un corps sans âme. Ce principe vital doit être puisé dans tout ce qui peut honorer, fortifier, grandir, élever, ennoblir une nation. L'amour d'une liberté sage et bien comprise, la passion de l'honneur et de la gloire, renfermées dans les limites d'idées nobles, généreuses, d'idées qui vivifient, qui animent, qui électrisent une nation, sans la pousser à une exaltation fébrile et désordonnée; l'affection pour tout ce qui est juste et équitable, un penchant prononcé pour l'ordre, la paix, la tranquillité; une préférence non équivoque donnée aux hommes de bien, de prudence, de savoir, de travail, de franchise et de loyauté, sur les hommes d'intrigues, de plaisir, de passions sales et désordonnées, de dissipation, d'ambition, telles sont les bases fondamentales sur lesquelles un gouvernement sage doit s'appuyer; telles sont les considérations qu'il ne faut jamais perdre de vue quand on veut fonder un ordre de choses solide et qui ait des conditions de durée; tout gouvernement qui s'en écarte porte en lui des germes de destruction qui ne tardent pas à se développer, à arriver à leur maturité et à produire des fruits bien amers.

Nous avons vu les merveilles et les maux enfantés par l'amour de la liberté et de la gloire poussé à l'excès; nous avons signalé ce que l'esprit d'ordre, de justice, de prudence a produit de bien sous le règne de Louis XVIII, et ce que les passions religieuses excitées jusqu'au fanatisme ont causé de désastres sous le règne de son successeur; nous allons voir maintenant ce qu'ont dû produire la corruption, la ruse, la fourberie, l'oubli de tout sentiment d'honneur, de devoir, d'équité, de justice, mis en pratique comme principe gouvernemental sous le règne de Louis-Philippe, avec une persistance et un entêtement qui ne se sont point démentis jusqu'à sa chute.

Pour qu'on comprenne bien la pensée de l'auteur, il déclare qu'il ne reconnaît, en fait de gouvernement, que deux principes, le principe de la légitimité, et celui de la république créée par la volonté des citoyens. La mise à exécution de l'un ou de l'autre de ces deux principes tranche nettement toutes les questions de souveraineté : un roi légitime mourant, sa couronne passe à ses successeurs, selon l'ordre établi par les statuts royaux, sans la moindre difficulté; pour ce qui est des républiques, elles se gouvernent d'après leurs constitutions, il suffit que leurs destinées soient confiées en des mains honnêtes, probes, vertueuses et habiles en même temps.

Quant aux gouvernements usurpateurs, il n'y en pas de pire au monde. Un prince d'une branche cadette qui renverse ou qui contribue à renverser un prince régnant d'une branche aînée, qui pose sur sa tête une couronne flétrie, déshonorée, polluée par le contact de l'émeute, est un prince sans honneur, sans foi, sans respect pour les droits acquis comme sans dignité. Il est le symbole personnifié de l'ingratitude; il est l'image vivante de l'intrigue et de la mauvaise foi. Ses sympathies ne peuvent être acquises aux honnêtes gens; il est forcé de s'entourer d'hommes à conscience élastique, d'hommes corrompus, avides, ambitieux. Les destinées d'un État confiées en de telles mains ne peuvent qu'être compromises. Un semblable monarque ne peut appeler à son aide que la corruption, que les passions les plus viles : alors tout devient désordre, désordre moral, désordre matériel. Les dévouements ne s'acquièrent qu'à prix d'argent; les consciences sont mises aux enchères; le signe de l'honneur devient le prix ou la récompense des apostasies les plus scandaleuses. Les deniers de l'État sont prodigués pour satisfaire l'avidité des courtisans. Les hommes tarés affluent, les honnêtes gens se retirent. Quand les exemples de morale, de probité, de délicatesse, quand les vrais sentiments d'honneur ne se trouvent pas mis en pratique dans les hautes régions de la société; quand les membres qui en font partie affectent le cynisme de la dépravation la plus déhontée, est-il possible que dans les basses régions, les principes de délicatesse, de probité, de désintéressement, se conservent intacts et purs de toutes souillures. La société alors se trouve gangrénée, pourrie, depuis le plus haut degré de l'échelle sociale jusqu'au plus bas. On n'a plus de respect pour les droits acquis. Entre l'usurpation d'un trône et l'usurpation de toute autre propriété, la différence n'est pas grande. Cet exemple d'usurpation donné, approuvé, glorifié, ne tarda pas à porter ses fruits. De là cette insatiable avidité d'acquérir de la fortune, des honneurs, des places, par tous les moyens bons et mauvais sans distinction. De là ces désordres, ces dilapidations dans toutes les administrations. Dans les finances, dans la marine, dans la guerre, à l'intérieur comme à l'extérieur, partout on ne voit qu'abus, scandale, indignité. Cet ordre de choses ne pouvait pas durer longtemps. Tout se préparait donc pour une grande catastrophe. Les causes qui avaient élevé le trône des barricades devaient bientôt le renverser. Tout était mûr pour une révolution nouvelle.

Ce gouvernement qui pouvait faire tant de choses, qui avait tant d'éléments de force et de prospérité, gâta tout, perdit tout. Le grand livre se greva de plus de deux milliards, la dette flottante en y comprenant l'argent versé aux caisses d'épargne, les bons du trésor, et autres engagements, s'était élevée à plus d'un milliard. Le budget qui n'atteignait pas d'abord un milliard, ne tarda pas à arriver, par suite d'augmentations successives de dépenses, à la somme énorme de dix sept cents millions. Les autres charges suivirent la même marche ascendante; ainsi le nouvel ordre de chose ne se signala que par des dilapidations de tous genres, par des taquineries et par des persécutions mesquines; il ne fit rien de grand, rien de noble. Il dut son origine à sa fourberie, il se maintint par la fourberie; une fois ce levier usé, il tomba.

Hélas! quelle pitié de voir ce monarque défendu par une

armée de quatre cent mille hommes, par une garde municipale, de quatre mille hommes, tant à pied qu'à cheval, par près de mille sergents de ville, par une triple et quadruple police, obligé de se sauver, lui et sa femme, par un souterrain, sans suite, sans escorte, de se déguiser, de se cacher et d'arriver de ferme en ferme jusqu'au rivage de France qu'il a dû quitter couvert de confusion et de remords. Oui de remords, car il laissait derrière lui une famille nombreuse, intéressante, pleine d'avenir, et en laquelle la France mettait toute son espérance. Oui les gens honnêtes ont vu partir avec l'âme navrée de douleur, la duchesse d'Orléans, cette mère intéressante, cette protectrice des arts, que les malheureux n'invoquèrent jamais en vain. Oui, les Français au cœur droit et juste ont vu s'éloigner avec regret du sol français le prince de Joinville, ce nouveau Jean Bart de la marine française, qui avait su soutenir avec fermeté l'honneur de son pavillon, qui faisait revivre les vieilles traditions de bravoure des Dugay-Trouin, des Tourville, des Duquesne, etc.

Ce malheureux monarque tombé de si haut laissa la France dans la position la plus affreuse.

D'un gouvernement monarchique on passa brusquement à un gouvernement démocratique sans préparation, sans transition. Cet état nouveau réveilla toutes les ambitions, les faiseurs de systèmes, les utopistes de tous genres crurent le moment venu de faire triompher leurs doctrines. Les Phalanstériens, les Communistes, les Socialistes, les Icariens trouvèrent d'ardents apôtres dans les Louis Blanc, les Victor Considérant, les Cabet, les Pierre Leroux, les Proudhon, etc.; les ouvriers furent soulevés contre leurs maîtres sous prétexte de l'abolition du salaire qui déshonorait, les locataires contre les propriétaires sous prétexte que la propriété était un vol, les débiteurs contre leurs créanciers, sous prétexte que l'infâme capital ruinait, mangeait, dévorait le pauvre débiteur. Des clubs s'ouvrirent sur tous les points de la France, l'anéantissement de la propriété, la destruction de la famille, l'abolition du mariage, y furent prônés, glorifiés. Les projets les plus extravagants, les plus désastreux, les plus sinistres, s'y discutaient tous les jours; d'après les vues des meneurs la société devait subir un bouleversement général. Le désordre moral et le désordre matériel étaient partout, aussi les conséquences de cet état de choses furent terribles. Tous les travaux cessèrent, les ateliers se vidèrent, les maisons de banque fermèrent leurs caisses. Les ouvriers jetés sur le pavé, sans ressources et sans pain, étaient un objet permanent d'inquiétude, non-seulement pour la tranquillité publique, mais encore pour la vie et pour la fortune des citoyens. Au milieu de ces tribulations les opérations financières et commerciales cessèrent, plus de Bourse, plus de cours d'effets publics, ni de change. Paris, ville d'élégance, de bon ton et de plaisirs, devint le séjour de la tristesse, de l'ennui, des mœurs grossières. Plus de réunions, plus de bals, plus de concerts; les spectacles se fermèrent, de longues processions d'ouvriers et d'ouvrières désœuvrés, parcouraient les rues du matin au soir. Malgré cette affreuse situation, malgré les menaces proférées contre les riches, les sources de la bienfaisance ne furent point taries; on vit M. de Rostchild verser cinquante mille francs pour secourir les plus nécessiteux; cet exemple eut de nombreux imitateurs. Mais à la honte éternelle de notre siècle, ces actes d'humanité, loin de calmer la fureur de la populace contre les riches, ne fit que l'exciter; le château de M. de Rostchild fut brûlé, pillé, dévasté peut-être, par ceux-là même auxquels il avait tendu une main secourable. Des circulaires à jamais regrettables, des commissaires qui n'avaient d'autre mérite, pour la plupart, que l'exagération de leurs principes, furent expédiés sur tous les points de la France. Le désordre et l'anarchie les suivirent partout; ces hommes, sans influence morale sur les populations, furent presque partout repoussés ignominieusement. Ainsi tout était bouleversé de fond en comble dans la société; toutes les existences étaient compromises. Le trésor était aux abois, il fallut avoir recours aux expédients, on suspendit le paiement des bons du trésor, on arrêta le remboursement des livrets de la Caisse d'épargne; on fut obligé de doubler les quatre impôts directs. La ville de Paris épuisa toutes ses ressources pour faire face aux besoins urgents. Plus de commerce, plus d'industrie, plus de crédit, plus de circulation financière; des ateliers et des manufactures fermés sur tous les points, des magasins et des boutiques déserts, des suspensions de paiements des maisons les plus famées, telle était la situation effrayante de Paris et de la France entière, à la suite de la Révolution de février.

Cependant tout le monde soupirait après le rétablissement de l'ordre et de la tranquillité; mais comment y parvenir en présence de cent-vingt mille ouvriers organisés en ateliers nationaux, armés de pied en cap, pervertis par les doctrines socialistes et communistes, soutenus par l'espoir du pillage ou d'un milliard d'indemnité, et prêts à défendre et à faire triompher leurs prétentions, les armes à la main? Il fallait cependant en finir à tout prix avec les ateliers, car cette plaie nationale s'aggravait de jour en jour; elle s'étendait dans toutes les villes manufacturières. La turbulence et les exigences des ouvriers qui en faisaient partie, augmentaient en proportion de leur nombre qui croissait tous les jours. C'était donc un véritable coup d'État que la suppression des ateliers nationaux dans de pareilles circonstances. C'était une guerre à déclarer; c'était une lutte à mort à soutenir. Mais l'existence de la société tout entière dépendait du succès de la bataille; il n'y avait pas à hésiter. Enfin le combat s'engagea; le sort de Paris et de toute la France se jouait dans les rues de la capitale. Dans ce moment suprême, l'aspect de cette grande cité était effrayant, tout le monde courait s'approvisionner de pain et d'autres comestibles, comme si l'on eût eu à craindre de soutenir un siége de longue durée. La lutte se soutint longtemps avec opiniâtreté et acharnement. Après quatre journées de combats sanglants, l'ordre finit par triompher. Mais, grand Dieu ! que cette victoire coûta cher ! Sept généraux restèrent sur le champ de bataille, un vénérable et saint archevêque y perdit la vie. On compta parmi les morts les personnes du plus haut rang de la société : des notaires, des avocats, des avoués, des agents de change, des huissiers, des banquiers, des négociants du haut commerce. Jamais on ne vit tant de courage, tant de dévouement. La garde nationale fut admirable ; des hommes qui n'avaient jamais déchiré une cartouche de leur vie, allaient au feu avec autant de sang-froid que les plus vieilles phalanges.

Cette victoire fit un bien immense ; après la défaite complète des hommes de désordre, la sécurité sembla renaître. La confiance se ranima, la société prit un aspect moins sinistre, on revenait à une existence nouvelle. Le crédit reprit son cours, les ateliers et les fabriques se rouvrirent petit à petit, les relations et les transactions commerciales se renouèrent.

Cette plaie, en partie guérie, était déjà un grand bien, mais il en existait malheureusement une autre pour le moins aussi dangereuse, plaie qui ne fait que s'aggraver tous les jours. Je veux parler de la plaie financière.

J'ai déjà exposé que le règne de Louis-Philippe avait été désastreux pour nos finances, qu'il laissait une dette flottante immense, que la dette publique avait été augmentée sous son règne d'une manière effrayante ; qu'enfin les désordres, les commotions qui ont suivi la révolution de Février n'ont fait qu'empirer, que compliquer notre position. La diminution de l'impôt sur le sel, la suppression d'une partie de la taxe sur les ports de lettre, laisse un vide considérable dans le budget des recettes. Ce vide ne fera que grandir pour l'année mil huit cent cinquante, lorsqu'on aura fait l'application du décret qui supprime l'impôt des droits réunis.

Sans aller plus loin, il faut commencer par poser en principe que ni l'industrie ni la propriété ne peuvent être l'objet de nouvelles charges. On ne peut pas se dissimuler que ses deux matières imposables sont grevées au-delà de ce qu'elles peuvent supporter.

On a pensé à imposer le luxe, on a voulu taxer les chiens, les chevaux, les équipages. Ressource mesquine, ridicule, trop bornée pour faire l'objet d'un examen sérieux et approfondi.

On a pensé à un impôt progressif. Mais après y avoir bien réfléchi, j'ai trouvé que la mise à exécution de cet impôt, qui, en apparence, a l'air d'être juste, serait une véritable calamité pour la France. En effet, les étrangers ne viendraient plus acheter de grandes propriétés en France et les nationaux eux-mêmes, pour se soustraire à cet impôt, chercheraient infailliblement à faire des acquisitions de propriété en pays étrangers.

Cependant la position est critique, il faut de toute nécessité trouver des matières imposables qui offrent des ressources certaines tant pour le présent que pour l'avenir.

Je vais en indiquer qui blesseront peut-être quelques susceptibilités ; j'engage fortement chaque classe de la société, qui serait dans le cas d'être frappée par ce nouveau genre d'impôts, à bien se pénétrer de la position critique dans laquelle nous nous trouvons. Il n'y a pas à balancer, il faut des ressources à l'État pour marcher, il en faut de promptes, d'efficaces, il en faut qui soient faciles à réaliser; qui, dans leurs perceptions, ne foulent pas trop les contribuables, qui ne les indisposent pas. Il en faut enfin qui mettent le gouvernement à même de maintenir non seulement la suppression de l'impôt sur le sel, et la diminution sur la taxe des lettres, mais encore d'exécuter le décret qui supprime les droits réunis à partir de l'année 1850.

Je vais donc successivement indiquer les matières qui m'ont paru les plus propres à être imposées.

J'ai remarqué que les inscriptions de rente 5 pour 0/0, 4, 1/2 pour 0/0, 4 pour 0/0, et 3 pour 0/0, que les actions de la Banque de France, que les actions ou inscriptions de rente sur la ville de Paris étaient sur papier libre, qu'il en était de même des brevets de pension de retraite des diverses employés, des rentes viagères inscrites au grand-livre de la dette publique.

J'ai encore remarqué que les actions des tontines Lafarge, des employés, etc. étaient sur papier libre;

Que les actions des ponts, des canaux, des mines, des entreprises de gaz étaient pareillement sur papier libre;

Que les actions des chemins de fer étaient sur papier libre, qu'il en était de même des polices d'assurances des diverses compagnies, soit contre l'incendie des propriétés immobilières, soit contre l'incendie des propriétés et valeurs mobilières;

Qu'enfin toutes les actions de ces compagnies étaient également délivrées sur papier libre;

Que toutes les polices et toutes les actions des diverses compagnies tontinières en étaient affranchies.

Je vais faire le détail des impôts que l'on pourrait percevoir de suite sur ces diverses matières, et de l'impôt que l'on pourrait percevoir par la suite. Il y aurait donc, d'après mon projet financier, un impôt instantané, c'est-à-dire qui n'offrirait qu'une ressource du moment, et un impôt permanent.

IMPOT QUI OFFRIRAIT DES RESSOURCES INSTANTANÉES.

Il faudrait assujétir toutes inscriptions de rentes 5 pour 0/0, 4 1/2, 4 et 3 pour 0/0 au timbre proportionnel de 50 centimes pour 0/0 du capital nominal.

En supposant que l'ensemble de ce capital s'élève à la somme de six milliards en y comprenant la conversion en rente des bons du trésor, de la conversion des chemins de fer de Lyon en rente, des livrets de la caisse d'épargne, de l'indemnité à accorder aux colons, on réalisera tout de suite avec le dixième en sus, 19,800,000

Évaluant le capital nominal des rentes viagères et des pensions de retraite à un milliard, car je présume qu'il doit y avoir, tant en pension de retraite qu'en rente viagère, pour près de cinquante millions d'inscrits au trésor, en soumettant ces inscriptions et brevets au timbre proportionnel de 40 cent. du cent du capital nominal, on aura, y compris le dixième, 4,400,000

En prenant pour base de l'évaluation des actions de la Banque de France, le cours moyen de 2,500 fr., en supposant qu'il y ait 60,000 actions, le capital nominal s'élèvera à 150,000,000, 60,000 actions sur papier timbré proportionnel de 30 cent. du cent, produiront, y compris le dixième en sus, 495,000

Les actions et rentes sur la ville de Paris doivent s'élever au moins à un capital de 60,000,000 assujéti au timbre proportionnel de 30 cent. du capital donneront 198,000 fr. y compris le dixième, 198,000

Tontines Lafarge, des employés et artisans au capital nominal de 8,000,000 à 30 cent. du cent, y compris le dixième, 26,400

Compagnies d'assurances contre l'incendie, immeubles; on peut évaluer pour toute la France à trente milliards, le montant des immeubles assurés, en supposant que la durée moyenne de

A reporter : 24,919,400

D'autre part: 24,919,400

ces assurances soit de cinq ans; en multipliant ces trente milliards de valeur assurée par les cinq années, on aura cent cinquante milliards, en assujétissant au timbre proportionnel d'un cent. seulement ces cent-cinquante millards, on aura 15,000,000, qui, avec le dixième en sus, donneront, 16,500,000

Compagnies d'assurance contre l'incendie, meubles et marchandises pour toute la France, quinze milliards, en supposant le temps des assurances à cinq années, terme moyen, et en multipliant, comme dessus, les quinze milliards par cinq, on aura soixante-quinze milliards, en assujétissant les polices au timbre proportionnel d'un centime pour cent sur les cinq années cumulées on aura, y compris le dixième, 8,250,000

Compagnies d'assurances contre les épizooties, les chances du recrutement, la grêle, le feu du ciel et autres sinistres, pour toute la France six milliards; durée des polices, terme moyen, trois années, produit de ces six milliards multiplié par trois: dix-huit milliards, à un cent. de timbre proportionnel, on aura, y compris le dixième, 1,980,000

Compagnies d'assurances maritimes, polices d'assurances assujéties au timbre proportionnel de 30 cent. du cent sur la valeur des marchandises, des bâtiments, victuailles et apparaux assurés, en supposant que leur valeur s'élève tant à l'importation qu'à l'exportation à 800 millions par an, on aura pour produit dixième compris, 2,640,000

Compagnies tontinières pour toute la France

A reporter: 54,289,400

	D'autre part : 54,280,400
et les colonies, en supposant le capital versé dans ces compagnies à 50,000,000, en assujétissant ces actions tontinières délivrées en échange, au timbre proportionnel de 30 cent. pour cent, on aura pour résultat, dixième compris,	165,000
Compagnies des chemins de fer, obligations des emprunts contractés par elles, actions de ces chemins de fer, assujéties au timbre proportionnel de 30 cent. du cent sur le capital nominal de ces obligations ou de ces actions qu'on suppose s'élever pour toute la France à un milliard, on aura pour résultat, dixième compris,	3,300,000
Compagnies des mines, des ponts, des canaux, etc., pour les porteurs d'obligations ou d'actions, pour toute la France et les colonies. En supposant que le capital nominal s'élève à 200,000,000, le timbre proportionnel de 30 c. auquel seront assujéties ces obligations ou actions, produira, dixième compris,	660,000
Brevets d'invention et d'importation pour 15 ans, assujétis au droit fixe de timbre de 100 fr. en les supposant au nombre de 200, on aura pour résultat, dixième compris,	22,000
Brevets d'inventions de dix ans, droit fixe de timbre de 50 fr., en les supposant au nombre de 500, on aura pour résultat, dixième compris,	27,500
Brevets d'inventions de cinq ans, assujétis au droit fixe de timbre de 25 fr., en les supposant au nombre de 1500, on aura pour produit, dixième compris,	41,250
Brevets d'additions et de perfectionnement, assujétis au droit fixe de timbre de 5 fr., en les	
A reporter :	58,505,150

	D'autre part : 58,505,150
supposant au nombre de 2,000, on aura pour produit, dixième compris,	11,000
Duplicatas des brevets à délivrer, assujétis au même droit que dessus, en raison de la durée des brevets, on peut évaluer approximativement le produit du droit fixe de timbre pour la délivrance de ces duplicatas, y compris le dixième,	15,000
Total :	58,531,150

Tels sont les produits qu'on pourrait réaliser immédiatement, sans augmenter en aucune manière les frais de perception, sans blesser, persécuter, ni indisposer les contribuables.

Je passe maintenant à un autre genre de produit. Je veux parler des brevets, des commissions, des diplômes, des nominations, qui investissent certains citoyens d'emplois salariés, ou de dignités purement honoriques.

Je commence par déclarer que j'ai longtemps hésité avant de proposer un impôt sur une semblable matière. J'ai craint de blesser beaucoup de susceptibilités, de soulever beaucoup de haines, de faire beaucoup de mécontents; cependant, j'ai trouvé cet impôt tellement juste, tellement raisonnable, tellement facile et si peu dispendieux à réaliser; d'un autre côté, j'ai considéré que les besoins de l'État étaient tellement urgents, que nos finances étaient dans un état si déplorable, que les dépenses loin de diminuer ne faisaient qu'augmenter, et que les ressources suivaient une progression contraire; que j'ai cru faire acte de bon citoyen, en livrant à la publicité mon projet. Au surplus plusieurs personnes, auxquelles j'en ai fait part, m'y ont fortement engagé.

J'entre en matière par le ministère des finances. Ce ministère compte dans ses attributions, les impôts directs, les impôts indirects. C'est lui qui perçoit tous les deniers provenant de ces deux sources, qui solde toutes les dépenses de tous les services. Le personnel attaché à ce ministère est immense. Il équivaut à une armée.

Je crois que, pour être juste, il faut que l'impôt que je projette soit perçu sans avoir égard ni aux rangs, ni aux dignités, ni aux positions sociales; lorsque l'employé le moins rétribué voit que les charges sont égales pour tous, qu'il n'y a ni faveur ni passe-droit, il subit son sort avec résignation, il contribue aux besoins de l'État avec empressement, il n'est pas le dernier à s'imposer des privations pour faire acte de bon citoyen.

Je dis donc que tout employé du ministère des finances, depuis le ministre jusqu'au concierge et aux garçons de bureau doit être indistinctement pourvu d'une commission, que cette commission doit être sur papier timbré, proportionnel en raison des émoluments ou des appointements attachés aux grades ou aux emplois. Je pense que c'est être raisonnable que de fixer cet impôt à raison de 5 pour 100 sur les émoluments. Il ne faut pas perdre de vue que cet impôt n'est pas permanent, qu'une fois le timbre de la commission payé, tout est fini pour l'employé; mais que chaque employé nouveau y sera assujéti, c'est-à-dire qu'avant d'entrer en fonction, il sera tenu de faire revêtir sa commission du timbre proportionnel.

Je commence par le ministère des finances, et par tout le personnel du bureau central : en supposant que les appointements du ministre s'élèvent à 50,000 fr., sa commission serait timbrée au droit de 2,250 fr., ycompris le dixième ensus, 2,250f

Les huit directeurs généraux des contributions directes, de l'enregistrement et des domaines, des contributions indirectes, des douanes et sels, des tabacs, des postes, des forêts, des monnaies : en

A reporter : 2,250

D'autre part : 2,250

supposant leurs appointements à 25,000 fr. par an, le timbre proportionnel de leurs commissions produirait, sur la somme de 200,000 fr., y compris le dixième, 11,000

Onze inspecteurs généraux des finances, un secrétaire général du ministère, un directeur général des fonds, un directeur de la dette inscrite, un directeur de la comptabilité générale, un directeur du contentieux, un caissier central, un payeur général : ensemble dix-huit, qu'on suppose avoir des appointements s'élevant à 20,000 f. les uns dans les autres ; en tout 360,000 fr., dont les commissions timbrées, en y comprenant le dixième, donneront 19,800

Dix inspecteurs des finances de première classe et huit chefs de divisions, aux appointements de 15,000 francs chacun, donneront un capital de 270,000 fr., dont les commissions timbrées produiront, y compris le dixième, 14,850

Treize inspecteurs de deuxième classe, vingt chefs de bureaux, trois sous-caissiers, un chef de cabinet particulier, un agent judiciaire ; ensemble trente-huit employés à 10,000 fr. chacun, donneront 380,000 fr., dont les commissions frappées du timbre proportionnel produiront, y compris le dixième, 20,900

Treize inspecteurs de troisième classe, quarante sous-chefs de bureaux; ensemble cinquante-trois à 6,000 fr., donnent 318,000 fr., dont le timbre proportionnel, y compris le dixième, produit 17,490

Trois cents employés à 3,000 fr. chacun, don-

A reporter : 86,290

D'autre part : 86,290

nent 900,000 fr. Le timbre proportionnel de leurs commissions produira, y compris le dixième, 49,500

Quatre cents employés à 2,000 fr. donneront 800,000 fr., dont les commissions timbrées produiront, y compris le dixième, 44,000

Cinq cents employés à 1,500 fr. donneront 750,000 fr. Le timbre proportionnel de leurs commissions avec le dixième produira 41,250

Enfin six cents employés, expéditionnaires, surnuméraires, garçons de bureaux, concierges, etc., à 1,000 fr., produiront 600,000 fr., dont les commissions timbrées proportionnellement donneront, y compris le dixième, 33,000

Le produit du timbre proportionnel sera donc, rien que pour les employés du bureau central, de 254,040

Je vais maintenant m'occuper du produit du timbre des employés qui ne font pas partie de l'administration centrale de Paris.

Je commencerai par les receveurs généraux, au nombre de quatre-vingt six. Je les diviserai en trois classes.

Receveurs généraux de première classe : Le produit de leurs charges ne peut être évalué à moins de 100,000 fr. : cinq receveurs généraux de première classe donneront donc 500,000 fr., dont les commissions timbrées produiront, en y comprenant le dixième, 27,500

Vingt receveurs généraux de deuxième classe : leurs charges doivent produire, l'une dans l'autre, au moins 75,000 fr. On aura donc 1,500,000 fr.,

A reporter : 281,540

D'autre part :	281,540
dont les commissions produiront, y compris le dixième,	82,500
Soixante-un receveurs généraux de troisième classe dont les offices, les uns dans les autres, doivent produire 40,000 fr. Ensemble 2,440,000. Produit des commissions timbrées, dixième y compris,	134,200
Quatre-vingt-six payeurs généraux, divisés aussi en trois classes.	
Première classe : cinq.—Émoluments présumés de leurs charges 150,000 fr., à raison de 30,000 fr. chacun. Commission timbrée, dixième compris,	2,850
Deuxième classe : vingt. Émoluments présumés de leurs charges, 20,000 fr. chacun; ensemble 400,000 fr.; produit de leurs commissions timbrées, dixième compris,	22,000
Troisième classe : soixante-un. Émoluments présumés de leurs emplois, 15,000 fr. Les uns dans les autres donneront ensemble 915,000 fr., et produiront, y compris le dixième,	50,325
Receveurs d'arrondissements. Au nombre de quatre cent cinquante, eu égard aux villes où il y en a plusieurs.	
Je les diviserai en cinq classes.	
Première classe : cinquante, aux émoluments les uns dans les autres de 20,000 fr., donneront 1,000,000 fr. Droit de timbre, dixième compris,	55,000
Deuxième classe : cent. Émoluments, 15,000 f. les uns dans les autres. Ensemble 1,500,000 fr.; produit, y compris le dixième,	22,500
Troisième classe : cent, à 10,000 fr. d'émolu-	
A reporter :	616,315

D'autre part: 616,315

ments, donneront 1,000,000 fr.; droit de dixième compris, 55,000

Quatrième classe : cent, à 8,000 fr., donnent 800,000 fr,, et 44,000 fr. de produit, y compris le dixième, 44,000

Cinquième classe : cent à 6,000 fr.; ensemble 600,000 fr., donnent 33,000

Percepteurs.

On compte, pour la France continentale, environ trois mille chefs-lieux de canton; il y a au moins deux percepteurs par canton, les uns dans les autres. Ce qui en éleverait le nombre à six mille.

On les divisera en six classes.

Première classe : cinq cents. Émoluments, 4,000 fr. Ensemble 2,000,000. Produit, dixième compris, 110,000

Deuxième classe : mille. Émoluments, 3,000 f. Ensemble 3,000,000 fr., produit, dixième compris, 165,000

Troisième classe : mille, à 2,500 fr. d'émoluments; ensemble 2,500,000 fr., produit, y compris le dixième, 137,500

Quatrième classe : mille, à 2,000 f. : 2,000,000 f. Produit, dixième compris, 110,000

Cinquième classe : mille, à 1,500 fr., donnent 1,500,000 fr.; et pour produit, dixième compris, 82,500

Sixième classe : quinze cents, à 1,000 fr. : ensemble 1,500,000 fr., dont le produit est de 82,500

A reporter: 1,435,315

D'autre part : 1,435,815

Direction des contributions directes.

Quatre-vingt-six directeurs, un par département, divisés en trois classes.

Première classe : cinq, à 10,000 fr. ; 50,000 fr., produit, dixième compris, 2,750

Deuxième classe : vingt, à 6,000 fr. chacun : 120,000 fr., produit, dixième compris, 6,600

Troisième classe : soixante-un, à 4,000 fr., donnent 244,000 ; et pour produit, y compris le dixième, 13,420

Contrôleurs des contributions directes, au nombre de six cents, divisés en quatre classes.

Première classe : quatre-vingts, à 6,000 fr. ; ensemble 480,000 fr. Produit, y compris le dixième, 26,400

Deuxième classe : cent, à 4,000 fr. : 400,000 fr. Produit, y compris le dixième, 22,000

Troisième classe : deux cents, à 3,000 fr. : 600,000 fr., dixième compris donne 33,000

Quatrième classe : deux cent vingt, à 2,000 fr. chacun : 440,000 fr. ; dixième compris, 24,200

Direction du cadastre.

Un directeur à 15,000 fr, et quatre sous-directeurs à 10,000 ; ensemble 55,000 francs, produit, dixième compris, 3,025

Cinquante ingénieurs du cadastre, de première classe, à 4,000 fr., donnent 200,000 fr., produit, dixième compris, 11,000

Cent ingénieurs de deuxième classe, à 3,000 f. : 300,000 fr., produit, dixième compris, 16,500

A reporter : 1,594,710

D'autre part : 1,594,710

Quatre-vingt-six directeurs de cadastre de département, un par département, divisés en trois classes.

Première classe : dix, à 8,000 fr. d'émoluments : 80,000 fr., produit avec le dixième, 4,400

Deuxième classe : trente. Émoluments à 6,000 f. donnent 184,000 fr., produit avec le dixième, 9,900

Troisième classe : quarante-six, à 4,000 fr., donnent 180,000 fr., produit avec le dixième, 10,120

Ingénieurs du cadastre, deux par arrondissement : ensemble huit cents environ, divisés en trois classes.

Première classe : cent. Émoluments à 3,000 f. donnent 300,000 fr., produit, dixième compris, 16,500

Deuxième classe : deux cents, à 2,500 fr., on aura 500,000 f., qui produiront, avec le dixième, 27,500

Troisième classe : cinq cents, à 2,000 fr., donnent 1,000,000 fr., produit, avec le dixième, 55,000

Tout plan des propriétés particulières, des communes et des cantons en entier, ne pouvant être délivré que sur papier timbré, produit présumé, 100,000

Direction des domaines et de l'enregistrement.

Un directeur des domaines et de l'enregistrement par département. En tout quatre-vingt-six, divisés en quatre classes.

Première classe : au nombre de cinq, à 15,000 f., donnent 75,000 francs, et produit, y compris le dixième, 4,125

Deuxième classe : vingt, à 10,000 fr., donnent

A reporter : 1,822,235

D'autre part : 1,822,235

200,000 fr. On aura, y compris le dixième, 11,000

Troisième classe : vingt, à 8,000 fr. On aura 160,000 fr., dont le produit, avec le dixième, sera de 8,800

Quatrième classe : quarante-un, à 6,000 francs d'appointements : 246,000 fr., produit, avec le dixième, 13,530

Quatre-vingt-six inspecteurs vérificateurs de l'enregistrement et des domaines, à 5,000 fr. d'appointements, les uns dans les autres, donneront 430,000 f., et pour produit avec le dixième, 23,650

Quatre cents contrôleurs, à 3,000 fr les uns dans les autres, donneront 1,200,000 fr., et pour produit avec le dixième, 66,000

Quatre cents conservateurs des hypothèques, à 4,000 fr. les uns dans les autres : 1,600,000 f.; et pour résultat avec le dixième, 88,000

Quatre mille receveurs de l'enregistrement et des domaines environ, à 2,000 fr. d'émoluments les uns dans les autres. Produit 8,000,000 fr., et donnent pour résultat, dixième compris, 440,000

Employés de la direction du timbre.

Ces employés consistent en directeur, inspecteurs, receveur, débitants de papier timbré, et frappeurs de timbre, garçons de bureaux, concierges, etc.

On peut les évaluer à cinq cents au moins, à 2,000 francs, les uns dans les autres, on aura 1,000,000 fr., et pour produit avec le dixième, 55,000

A reporter : 2,528,215

D'autre part : 2,528,215

Direction des douanes et sels.

Vingt-six directeurs particuliers, résidant dans les diverses places de commerce, à 25,000 fr. les uns dans les autres, donnent 650,000 fr., et produisent, le dixième compris,	35,750
Huit cents employés, aux émoluments de 3,000 fr. chacun : terme moyen, 2,400,000 fr., produit, y compris le dixième,	132,000
Mille officiers, capitaines, lieutenants, sous-lieutenants, à 2,000 francs d'émoluments les uns dans les autres, donnent 2,000,000 fr., produit, avec le dixième,	110,000
Six mille douaniers, sous-officiers et soldats, à 1,000 francs les uns dans les autres, donnent 6,000,000 fr., produit, avec le dixième,	330,000
Deux cents autres employés, caissiers, contrôleurs, sous-directeurs, gardes-magasins, etc., à 4,000 fr., terme moyen, produisent 800,000 fr., et donnent avec le dixième en sus,	44,000

Direction des contributions indirectes.

Trente employés supérieurs, aux émoluments de 20,000 fr., donnent 600,000 fr., qui produisent, avec le dixième,	33,000
Quatre-vingt-six directeurs des contributions indirectes, un par département, à raison de 8,000 francs les uns dans les autres, produisent 688,000 francs, qui, avec le dixième, donnent	37,840
Trois cent quatre-vingts directeurs d'arrondissement, à 5,000 francs les uns dans les autres,	

A reporter : 3,250,805

D'autre part : 3,250,805

donnent 1,900,000 fr., ce qui produit, dixième compris, 104,500

Huit cents contrôleurs, à 4,000 fr. les uns dans les autres, produisent 3,2000,000, dont le produit, dixième compris, est de 176,000

Six mille autres employés, receveurs à cheval, receveurs à pied, receveurs de ville, etc., à 2,000 fr. les uns dans les autres : 12,000,000, donnent, dixième compris, 660,000

Administration des tabacs.

Vingt employés supérieurs, sous-directeurs, régisseurs, inspecteurs, gardes-magasins, etc., à 15,000 fr., ce qui donne 300,000 fr., y compris le dixième, 16,500

Quarante gardes-magasins, à 8,000 fr. les uns dans les autres : 320,000 fr., donnent, y compris le dixième, 17,600

Quatre-vingt-six receveurs, entreposeurs de tabacs et poudres de département, à 6,000 fr. les uns dans les autres : 516,000 fr., produit, dixième compris, 28,380

Trois cent quatre-vingts entreposeurs de tabacs et poudres, d'arrondissement, à 4,000 fr. les uns dans les autres : 1,520,000 fr., produit avec le dixième, 83,600

Soixante mille débitants de tabacs, à 500 fr. les uns dans les autres : 30,000,000, produit avec le dixième, 1,650,000

A reporter : 5,987,385

D'autre part : 5,987,385

Administration des forêts.

Trente-deux conservateurs des eaux et forêts, à 10,000 fr. les uns dans les autres : 320,000 fr., produit, y compris le dixième, 17,600

Quatre-vingt-six inspecteurs forestiers, à 6,000 fr. les uns dans les autres, 516,000 fr., produit, y compris le dixième, 28,380

Trois cent quatre-vingts sous-inspecteurs forestiers, à 4,000 fr. : 1,520,000 fr., produit, y compris le dixième, 83,600

Trois cent quatre-vingts gardes généraux, à 2,500 fr. : 950,000 fr., produit avec le dixième,. 52,250

Mille brigadiers des eaux et forêts, à 1,000 fr. les uns dans les autres : 1,000,000, produit avec le dixième, 55,000

Quatre mille gardes des eaux et forêts, à 500 fr. les uns dans les autres 2,000,000, 110,000

Administration des postes.

Vingt employés supérieurs, à 15,000 francs : 300,000 fr., produit avec le dixième, 16,500

Trente chefs de bureaux, inspecteurs, etc., aux appointements de 6,000 fr. : 180,000 fr., produit, dixième compris, 9,900

Trois cents courriers de la malle, à 4,000 fr. d'émoluments les uns dans les autres : 1,200,000 f. produit, dixième compris, 66,000

Quatre cents maîtres de poste, à 4,000 fr. les uns dans les autres : 1,600,000 fr., produit

A reporter : 6,426,615

D'autre part : 6,426,615

dixième compris, 88,000

Trois mille cinq cents bureaux de distribution de lettres, à 1,000 fr, les uns dans les autres, produit avec le dixième, 192,500

Cent cinquante distributeurs de lettres dans Paris et la Banlieue, aux émoluments de 1,000 fr. : 150,000, dixième compris, 8,250

Commission des monnaies et des médailles.

Directeur, commissaire général, directeur des essais, vérificateur des essais, essayeur, conservateur des musées monétaires, inspecteur de la garantie, caissier, garde des matières, etc., aux émoluments ensemble de 300,000 fr., produit, dixième compris, 16,500

Sept directeurs des monnaies pour les départements avec les autres employés de ces directions, aux émoluments ensemble de 200,000 fr., produit avec le dixième, 11,000

Trente essayeurs, graveurs, etc., aux émoluments ensemble de 120,000 fr., produit avec dixième, 6,600

Direction de la caisse d'amortissement et de celle des dépôts et consignation.

Un directeur général, un directeur particulier, un sous-directeur, un caissier général, deux sous-caissiers, un secrétaire-général, un directeur du contentieux et autres employés, ensemble 1,200,000 fr., produit avec le dixième, 66,000

A reporter : 6,815,465

D'autre part : 6,815,465

Direction des octrois des villes qui y sont assujéties.

On suppose que le nombre des employés des octrois doit s'élever au moins à dix mille, pour toute la France ; en supposant leurs émoluments à 1,500 fr. les uns dans les autres, on aura 15,000,000 fr., produit, dixième compris, 825,000

Je passe maintenant au ministère de la justice.

Trois cents employés dans les bureaux du ministère, à 2,000 fr. les uns dans les autres : produit avec le dixième, 33,000

Cour de Cassation.

Un premier président, un procureur-général, trois vice-présidents, quarante-cinq conseillers, dix membres du parquet, un greffier en chef, quatre commis greffiers, trois secrétaires du parquet, six garçons de bureau, un bibliothécaire, émoluments ensemble 1,051,000 fr., produit avec le dixième, 57,805

Huit huissiers audienciers, à 6,000 fr. d'émoluments, soixante avocats, à 16,000 fr. d'émoluments, ensemble 1,008,000 produit, dixième compris, 55,440

Cour d'appel de Paris.

Un premier président, un procureur-général,

A reporter : 7,786,710

D'autre part : 7,786,710

cinq vice-présidents, soixante conseillers, cinq avocats généraux, onze substituts, un greffier en chef, vingt-cinq commis greffiers, ensemble 913,000 fr., produit avec le dixième, 50,215

Soixante avoués d'appel, aux émoluments de 10,000 fr. les uns dans les autres, trente huissiers audienciers, aux émoluments de 6,000 fr., vingt-deux experts et traducteurs jurés, aux émoluments de 2,000 fr., les uns dans les autres, ensemble : 824,000 fr., produit avec dixième, 45,320

Tribunal de première instance de la Seine.

Un président, un procureur de la République, neuf vice-présidents, cinquante-six juges, huit juges suppléants, vingt-deux substituts, un greffier en chef, trente commis greffiers, trente greffiers de juge d'instruction, cinquante-cinq architectes et vérificateurs assermentés, neuf experts écrivains, vingt-deux experts écrivains et traducteurs de langues, produit des émoluments ensemble : 1,251,000 fr.; on aura avec le dixième, 68,805

Cent cinquante avoués, cent cinquante huissiers, les études d'avoués présumées d'un produit de 20,000 fr. les unes dans les autres, et celles des huissiers à 10,000 fr. : 4,500,000 francs, produit avec le dixième, 247,000

Un secrétaire, un bibliothécaire, un agent de la chambre des avoués et des huissiers : 12,000 fr., produit, y dixième compris, 660

Quatre-vingts commissaires-priseurs, produit de leurs charges les unes dans les autres, à

A reporter : 8,198,710

D'autre part : 8,198,710

12,000 fr., ce qui donne, avec les émoluments d'un agent de la chambre, 964,000 fr., dixième compris, 53,020

Cent quatorze notaires, produit de leurs charges les unes dans les autres, 40,000 fr. : 4,574,000 fr., y compris les émoluments d'un agent de la compagnie et de deux secrétaires, produit avec le dixième, 251,570

Vingt-sept notaires ruraux, le produit de leurs études les unes dans les autres, à 10,000 francs : 27,000 fr.: produit, dixième compris, 14,850

Trois mille avocats, docteurs et licenciés en droit, à 3,000 francs, donnent : 9,000,000 francs, ce qui produit avec le dixième, 495,000

Douze juge de paix de Paris et huit des cantons de la Seine, ensemble 92,000 fr., produit, 5,060

Douze greffiers de justice de paix de Paris, et huit de cantons de la Seine, émoluments 10,000 fr. les uns dans les autres : 200,000 fr., produit avec le dixième, 11,000

Quarante commis greffiers de justice de paix, à 1,500 fr. les uns dans les autres, ensemble 60,000 fr., produit avec le dixième, 3,300

Un président du tribunal de commerce, à 300 fr. ; dix juges à 200 ; seize juges suppléants, à 150 fr., 4,700

Un greffier en chef, aux émoluments de 60,000 fr. ; quatre commis greffiers, aux émoluments de 24,000 fr. ; vingt-deux experts assermentés, aux émoluments de 33,000 fr., dix experts écrivains teneurs de livres, 20,000 fr. ; soixante-dix syndics ou arbitres rapporteurs sa-

A reporter : 9,037,210

D'autre part : 9,037,210

lariés, à 10,000 francs les uns dans les autres : 700,000 fr., le tout ensemble 837,000 fr., produit avec le dixième, 46,035

Quinze agréés, leurs offices, terme moyen, doivent produire 30,000 francs, ce qui donne 450,000 fr., produit, dixième compris, 24,750

Dix officiers, gardes du commerce, produit de leurs offices, terme moyen 10,000 fr. : 100,000 fr. on aura avec le dixième, 5,500

Juges des prud'hommes qu'on suppose être au nombre de quinze, à 100 fr., un greffier à 200 fr., dixième compris, 1,870

Cours d'appel de France, des Colonies et de l'Algérie.

Trente-deux premiers présidents, trente-deux procureurs généraux, à 12,000 fr. les uns dans les autres : 768,000 fr., produit avec le dixième, 42,240

Quatre-vingt-seize vice-présidents, à raison de trois vice-présidents par cour, en fixant leurs appointements les uns dans les autres à 8,000 fr., on aura 728,000 fr., produit, y compris le dixième, 40,040

Sept cent soixante-huit conseillers, à raison de vingt-quatre conseillers par cour, en fixant à 5,000 fr. leurs émoluments, les uns dans les autres, on aura 3,840,000 francs, et pour produit avec le dixième, 211,200

Sept cent soixante-huit avocats généraux ou substituts de procureurs généraux, à 5,000 fr. : 3,840,000 fr., produit avec le dixième, 211,200

Trente-deux greffiers en chef, en supposant le produit de leur charge, à 30,000 fr., terme moyen,

A reporter : 9,620,045

D'autre part : 9,620,045

on aura 960,000 fr., ce qui produira 52,800

Trente-deux secrétaires du parquet, quatre-vingt-seize huissiers audienciers, à 2,000 francs d'émoluments : 256,000 fr., ce qui produit avec le dixième, 14,080

Soixante-quatre garçons de bureaux et soixante-quatre concierges, à 1,000 fr. : 128,000 fr., produit avec le dixième, 7,040

Tribunaux de première instance au nombre de quatre cent cinquante, tant pour la France que pour les Colonies.

Quatre cent cinquante présidents et quatre cent cinquante procureurs de la république, à 3,000 fr. les uns dans les autres : 2,700,000 fr., produit, dixième compris, 148,500

Six cents vice-présidents, à 2,500 fr. d'émoluments, terme moyen : 1,500,000 fr., produit, dixième compris, 82,500

Dix-huit cents juges, à raison de quatre par tribunal, émoluments : 2,000 fr. ; 3,600,000 fr., terme moyen, produit, y compris le dixième,. 198,000

Neuf cents juges suppléants, à raison de deux par tribunal, 60 fr. par juge, produit, dixième compris, 59,400

Six cents substituts, à 2,000 fr. les uns dans les autres, on aura 1,200,000 fr. ; et pour produit avec le dixième, 66,000

Quatre cent cinquante greffiers en chef, à 6,000 fr. les uns dans les autres : 2,700,000 fr., produit, dixième compris, 148,500

Neuf cents commis greffiers assermentés, à

A reporter : 10,396,865

D'autre part : 10,396,865

1,000 fr.: 900,000 fr., produit avec le dixième, 49,500

Huit mille avoués, produit de leurs offices les uns dans les autres, 8,000 fr.: 64,000,000, produit, dixième compris, 3,520,000

Neuf mille huissiers, produit de leurs offices, terme moyen : 3,000 fr.; on aura 27,000,000 pour produit, dixième compris, 1,485,000

Cinq cents commissaires-priseurs, produit de leurs offices, à 3,000 fr. les uns dans les autres 1,500,000 fr., produit, y compris le dixième, 82,500

Deux cents agréés près les tribunaux de commerce, produit de leurs offices, 3,000 fr. les uns dans les autres, on aura 600,000 fr., et pour produit, dixième compris, ... 33,000

Soixante mille avocats, docteurs ou licenciés en droit, à 200 fr. par diplôme, avec le dixième, 13,200,000

Douze mille notaires, produit de leurs offices, terme moyen : 8,000 fr., on aura 96,000,000 fr., qui produiront, dixième compris, 5,280,000

Juges de paix.

Trois mille justices de paix pour la France et les Colonies, pourvues d'un juge de paix chacune, à 1,000 fr. d'appointements les uns dans les autres : 3,000,000, produit, dixième en sus, 165,000

Trois mille greffiers de justice de paix, à 2,500 fr., terme moyen : 7,500,000 fr., produit, 412,500

Six mille commis greffiers assermentés, à 500 fr. : 3,000,000, produit avec le dixième, 165,000

Quatre-vingt-six geôliers de maisons de détention départementales, à 4,000 fr. d'émoluments

A reporter : 34,789,365

D'autre part : 34,789,365

lès uns dans lès autres : 344,000 fr., qui donnent avec le dixième, 18,920

Quatre cent cinquante maisons de prévention, un geôlier par chaque maison, émoluments à raison de 1,500 francs : 675,000 francs, produit avec le dixième, 37,125

Cent exécuteurs des hautes-œuvres, tant pour la France que pour les Colonies, à 5,000 francs : 500,000, produit avec le dixième, 27,500

Ministère de l'intérieur.

Quatre-vingt-six préfets, à 15,000 fr. les uns dans les autres ; trois cent quatre-vingts sous-préfets, à 5,000 fr., les uns dans les autres, donnent ensemble : 3,190,000 fr., produit, dixième compris, 175,450

Quatre cent trente conseillers de préfectures, à 2,000 fr., terme moyen : 860,000 ; quatre-vingt-six secrétaires généraux, à 2,500 fr. : 215,000 fr. ensemble : 1,075,000 fr. ; dixième compris, 59,125

Deux mille commissaires de police, à 3,000 fr. ; 6,000,000, produit, dixième compris, 330,000

Trente neuf mille maires, y compris les Colonies, divisés en plusieurs classes :

Prem. classe au nomb. de 200, à 200 fr.,	40,000	1,951,000	2,146,100
Deux. classe au nomb. de 1,500, à 150 fr.,	225,000		
Trois. classe au nomb. de 8,000, à 100 fr.,	800,000		
Quatr. classe au nomb. de 10,000 à 50 fr.,	500,000	195,100	
Cinq. classe au nomb. de 19,300, à 20 fr.,	386,000		

A reporter : 37,583,585

D'autre part : 37,583,585

Adjoints aux maires.

Divisés pareillement en cinq classes :

Prem. classe au nomb. de 800, à 100 fr.,	80,000	1,226,500	1,349,150
Deux. classe au nomb. de 5,000 à 50 fr.,	250,000		
Trois. classe au nomb. de 24,000 à 25 fr.,	600,000		
Quatr. classe au nomb. de 20,000 à 10 fr.,	200,000	10e 122,650	
Cinq. classe au nomb. de 19,300 à 5 fr.,	96,500		

Six mille sergents de ville, à 1,000 fr. les uns dans les autres : 6,000,000 fr., produit, dixième compris, 330,000

Toutes les commissions de tous les employés du ministère de l'intérieur, depuis le grade le plus élevé jusqu'aux garçons de bureaux et aux concierges ; toute la France. On peut élever ces émoluments au moins pour 10,000,000, ce qui donne dixième compris, 550,000

Garde nationale.

Tous les officiers pourvus d'un brevet paieront le timbre de leur brevet aux droits fixes suivants ; savoir : les colonels qu'on suppose être au nombre de cent pour toute la France, à 300 fr.,	30,000	4,140,000	4,554,000
200 lieutenants-colonels et maj., à 150 fr.,	30,000		
6,000 chefs de bataillon, à 100 fr.,	600,000		
20,000 capitaines en premier, à 50 fr.,	1,000,000		
20,000 id. en second, à 40 fr.,	800,000		
20,000 lieutenants en premier, à 30 fr.,	600,000		
20,000 id. en second, à 20 fr.,	400,000		
20,000 sous-lieutenants, à 10 fr.,	200,000	10e 414,000	
6,000 adjudants-majors, à 50 fr.,	300,000		
6,000 sous-adjudants majors, à 30 fr.,	180,000		
Un général de division et dix généraux de brigade pour toute la France,	15,000	15,000	16,500
		1,500	

A reporter : 44,383,235

D'autre part : 44,383,235

Tous les employés commissionnaires attachés à la direction des prisons, des lignes télégraphiques, des hôpitaux, des dépôts de mendicité, des Beaux-Arts, des communes, des bureaux de charité, de l'assistance publique, des archives, des musées, de l'imprimerie et de la librairie, des voieries, de la salubrité. On peut évaluer approximativement le produit du timbre proportionnel de ces diverses commissions, à 2,200,000

Ministère de l'agriculture et du commerce.

Tous les citoyens pourvus d'emplois salariés ou purement honorifiques seront assujétis à faire timbrer leurs commissions, ou nominations ; on suppose que le produit du timbre, pour ce qui concerne ce ministère, pourrait s'élever à environ 1,500,000

Ministère des travaux publics.

Tous les agents de surveillance près des diverses sociétés et compagnies anonymes, tous les employés des chemins de fer, des routes, des ponts-et-chaussées, des ports, des canaux, de la navigation, des usines, des approvisionnements, des mines, des phares, des bâtiments civils et des monuments publics, tous les ingénieurs et architectes, tous les diplômes ou commissions de ces divers employés, qu'ils soient salariés ou purement honorifiques, peuvent donner lieu à un droit de timbre pour leurs commis-

A reporter : 48,083,235

D'autre part : 48,083,235

sions, qui produira au moins, y compris le dixième, 2,750,000

Ministère des relations étrangères.

Le personnel de ce ministère se compose des employés attachés aux services intérieurs et aux services extérieurs.

Le personnel de l'intérieur se compose de quatre directeurs, de plusieurs chefs de divisions, chefs de bureaux, rédacteurs, traducteurs, commis d'ordre, expéditionnaires, garçons de bureaux et concierges.

Quant au personnel attaché à l'extérieur, il se compose des ambassadeurs, des envoyés extraordinaires, des ministres plénipotentiaires, des consuls généraux chargés d'affaires, des consuls généraux ordinaires, des consuls, des vice-consuls, des chanceliers, des interprètes, etc. Le produit du timbre des commissions ou brevets de tous ces employés peut s'élever à environ 800,000 fr.; en y ajoutant le dixième on aura 880,000

Ministère de la guerre.

Le personnel de ce ministère se compose d'employés attachés aux bureaux du service central, et d'employés attachés au service actif de l'armée, tels que maréchaux de France, gouverneurs de divisions militaires e de l'Algérie, généraux de division, maréchaux-de-camps, colonels, lieute-

A reporter : 51,713,235

D'autre part : 51,713,235

nants-colonels, majors, chefs de bataillon ou d'escadron de première ou deuxième classe, capitaines de première ou deuxième classe, lieutenants en premier ou en second, sous-lieutenants, chefs de musique, tambours-maîtres, maîtres-cordonniers, bottiers-maîtres selliers, maîtres-arquebusiers, maîtres-maréchaux-ferrants, maîtres-tailleurs, médecins en chef des hôpitaux militaires, ou en second, chirurgiens en chef de première, de seconde ou de troisième classe, chirurgiens-majors, aides-majors et sous-aides ; infirmiers-majors, et aides-majors; pharmaciens en chef des armées, pharmaciens de première, de seconde, de troisième classe; artistes vétérinaires en chef, de première, seconde et troisième classe; directeurs, sous-directeurs, inspecteurs des hôpitaux militaires et tous autres employés attachés aux divers services militaires de l'armée.

Tous les officiers du génie, tous les membres des divers comités consultatifs, comité consultatif de l'état-major, comité consultatif de l'infanterie, comité consultatif de la cavalerie, comité consultatif de l'artillerie, comité consultatif des fortifications, des gouverneurs, sous-gouverneurs, commandants, majors, trésoriers, agents, secrétaires, intendants, médecins, pharmaciens attachés aux divers services des hôtels des invalides; tous les officiers et employés attachés aux arsenaux, ou aux dépôts d'artillerie, des places, cartes et modèles; tous les intendants, sous-intendants militaires; tous les ordonnateurs de première, de deuxième et de troisième classe; tous les directeurs de sub-

A reporter : 51,713,235

D'autre part : 51,713,235

sistances et approvisionnements militaires ; tous les gardes-magasins, distributeurs, contrôleurs, inspecteurs ; tous les employés attachés à l'habillement et campement de l'armée ; tous les employés attachés au service des litteries, casernement, blanchissage de l'armée ; tous les employés attachés aux services divers des poudres et salpêtres, directeurs, inspecteurs, commissaires, gardes-magasins ; tous les officiers, sous-officiers et soldats attachés à la gendarmerie à pied ou à cheval, et à la garde républicaine. En les supposant au nombre de 120,000, à 5,000 fr. d'appointements les uns dans les autres, on aura 360,000,000 et pour produit, dixième compris, 19,800,000

Ministère de la marine et des colonies.

Ce ministère se compose, comme le précédent, d'employés attachés aux services de l'administration centrale et d'officiers, agents et employés au service actif.

Les employés du service central consistent en membres du conseil d'amirauté, en un secrétaire général, en un directeur et un sous-directeur du personnel, en un directeur et un sous-directeur des ports, en un directeur et un sous-directeur des colonies, en un directeur des fonds, en inspecteurs généraux de la marine, en membres du conseil des travaux de la marine, en directeur du service de la santé et des quarantaines, en chefs de division, chefs de bureaux et autres employés depuis les plus hauts grades jusqu'aux

A reporter : 71,513,235

D'autre part : 71,513,235

grades de garçons de bureaux et de concierges.

Quant au personnel du service actif, il se compose d'amiraux, de vice-amiraux, de contre-amiraux, de capitaines de vaisseaux, de capitaines de frégates, de lieutenants de vaisseaux, de frégates, de corvettes, d'enseignes, d'élèves, etc.; de préfets maritimes, de gouverneurs des colonies, des employés et préposés à l'équipement des soldats de la marine, aux approvisionnements de vivres et des matières nécessaires pour les constructions des navires, et leur armement; il se compose encore de tous les officiers attachés aux régiments de marine, aux officiers d'artillerie de marine, aux ingénieurs et directeurs de constructions navales, aux employés des chiourmes, etc. On peut évaluer approximativement à 20,000,000 les émoluments de tous ces employés; ils donneront, avec le dixième en sus, 1,100,000

Ministère de l'instruction publique.

Tous les membres de l'Institut et des Académies, tous les professeurs des Facultés de droit, de médecine, de théologie; tous les professeurs attachés aux académies des sciences et belles-lettres, les professeurs du collége de France, du Jardin des plantes, de la Bibliothèque nationale, des écoles de pharmacie, de dessin, des Beaux-Arts, d'architecture, de sculpture, des Arts-et-Métiers, de l'institution de la Légion-d'Honneur, des écoles de Saint-Cyr et de la Flèche, des écoles de cavalerie de Saumur, des exercices

A reporter : 72,613,235

D'autre part : 72,603,235

gymnastiques, des écoles de musique militaire, des écoles polytechniques, des écoles de marine, des écoles d'application, d'agriculture, de commerce, de chant, de déclamation, de musique; des écoles vétérinaires, des écoles normales, des chartes, d'administration, d'état-major; tous les professeurs attachés aux écoles préparatoires de médecine et de pharmacie et aux écoles secondaires médicales, tous ceux attachés aux écoles normales primaires, aux écoles primaires supérieures et aux écoles primaires élémentaires; les professeurs des lycées, des colléges communaux, des institutions et des pensionnats des deux sexes.

Tous les membres du conseil de l'instruction publique, tous les inspecteurs des universités et des écoles; enfin tous les employés de l'administration centrale depuis le grade le plus élevé jusqu'au plus bas. Leurs commissions seront timbrées au droit proportionnel de 5 pour 0[0 sur leurs émoluments; en supposant que tous ces émoluments s'élèvent ensemble à 22,000,000, on aura pour produit, dixième compris, 1,211,000

Tous les diplômes de docteur en médecine ou en chirurgie, tous les diplômes d'officiers de santé, de pharmaciens, de sages-femmes, d'herboristes; tous les diplômes d'artistes vétérinaires; 60,000 docteurs en médecine ou en chirurgie, à 200 fr. d'enregistrement par diplôme, y compris le dixième, 12,110,000

Dix mille officiers de santé, leurs diplômes à 100 fr. donnent 1,000,000, ce qui produit,

A reporter : 85,934,235

D'autre part : 85,934,235

dixième compris, 1,400,000

Dix mille sages-femmes, leurs diplômes soumis à l'enregistrement de 75 fr. produiront, dixième compris, 825,000

Quinze mille pharmaciens, l'enregistrement de leurs diplômes à 100 fr. donne 1,500,000 ce qui produit, avec le dixième, 1,650,000

Cinq mille herboristes à 60 francs donnent 300,000 fr. qui, avec le dixième, produisent, 330,000

Cinq mille artistes vétérinaires à 100 f. : 500,000 f. avec le dixième donnent pour produit 550,000

Dix mille architectes ou peintres, etc., ayant leurs diplômes délivrés par les écoles des Beaux-Arts, ou par l'école de Rome à 200 fr., produit, dixième compris, 2,200,000

Huit mille ingénieurs sortis des écoles polytechnique, des mines, des ponts-et-chaussées à 200 fr., produit, dixième compris, 1,760,000

Vingt mille diplômes de bacheliers ès-lettres et ès-sciences à 50 fr., produisent avec le dixième, 1,100,000

Cinquante mille diplômes de capacité pour les deux sexes, pour le professorat dans les lycées, les colléges, les pensionnats, les écoles primaires, les institutions, etc., à 75 fr. les unes dans les autres, y compris le dixième, 4,125,000

Ministère des cultes.

Pour rendre mon travail plus intelligible, je sépare ce ministère de celui de l'instruction publique.

Trois cardinaux, à 30,000 fr., 90,000

A reporter : 99,574,235

D'autre part : 99,574,235

Quinze archevêques, à 20,000 fr.	300,000	
Soixante-cinq évêchés, à 15,000,	975,000	
Quatre-vingts vicaires-généraux à 5,000 fr.,	400,000	
Six cent quarante chanoines, à 2,500 fr. par chanoine,	1,600,00	
Ensemble,	3,365,000	
Qui, à 5 pour 100, donnent, y compris le dixième,		185,075
Quatre mille curés de première classe, en supposant le produit de leurs cures, y compris le casuel, à 5,000 fr., les unes dans les autres: 20,000,000 qui produiront, y compris le dixième,		1,100,000
Quarante mille succursalistes à 2,000 fr., les uns dans les autres, y compris le casuel, 80,000,000 ce qui produira, y compris le dixième,		4,400,000
Dix mille vicaires à 500 fr., donnent 5,000,000; ce qui produit, dixième compris,		275 000
Tout diplôme de docteur en théologie, toute lettre de prêtrise devront être sur papier timbré au droit fixe de 200 fr. comme les diplômes de docteurs en droit, en médecine, etc.; en supposant le nombre des ecclésiastiques pourvus d'un diplôme de docteur ou de lettres de prêtrise, à 80,000, on aura, y compris le dixième,		17,600,000

Grande chancellerie de la Légion-d'Honneur:

Cent grandes-croix de la Légion-d'Honneur, à 2,000 fr.,	200,000	
Trois cents grands officiers, à 1,500 f.,	450,000	

A reporter : 123,134,310

D'autre part: 123,134,310

Deux mille commandeurs, à 1,000 f.,	2,000,000	
Trois mille officiers de la Légion-d'Honneur, à 500 fr.,	1,500,000	
Soixante mille chevaliers de la Légion-d'Honneur, à 50 fr.,	3,000,000	
Total:	7,150,000	
Qui, avec le dixième en sus, donneront,	7,865,000	7,865,000

Cour des comptes.

Un premier président et un premier avocat-général à 30,000 fr. chacun	60,000	
Trois vice-présidents, à 20,000 fr.,	60,000	
Dix-huit conseillers maîtres, à 15,000,	270,000	
Dix-huit conseillers référendaires de première classe, à 10,000 fr.,	180,000	
Soixante-deux conseillers référendaires, aux émoluments de 5,000 fr.,	310,000	
Greffier en chef,	30,000	
Trois commis greffiers, un agent comptable, un garde des archives, un secrétaire de la présidence, un secrétaire du parquet, vingt autres employés, dix garçons de bureaux, deux concierges : ensemble,	64,000	
Total :	974,000	
Ce qui donne, dixième compris,		53,570

Archives à établir dans chaque chef-lieu de dé-

A reporter : 131,032,880

D'autre part : 131,032,880

partement et d'arrondissement, pour recevoir en dépôt un double de tous les actes reçus en minute par les notaires ; et un double de tous les arrêts et jugements rendus par la Cour de cassation, les cours d'appel, les tribunaux de première instance, les justices de paix ; en forçant les notaires et les greffiers à faire immédiatement le dépôt du double de tous les actes reçus en minute, et de tous les arrêts et jugements reçus ou rendus depuis cinq ans, on occasionnerait de suite une très forte consommation de papier timbré, qu'on ne pourrait évaluer à moins de 15,000,000

Il faudrait assujétir aussi les conservateurs des hypothèques à tenir le registre des inscriptions hypothécaires sur papier timbré, et à faire le dépôt dans les archives d'un double des registres qui existent dans leurs bureaux depuis cinq ans. Cette dernière mesure occasionnerait une consommation immédiate de papier timbré pour plus de 2,000,000

Bien entendu que ces frais ne seraient avancés par les notaires, les greffiers et conservateurs des hypothèques, que sauf leur recours contre les parties intéressées.

Brevets d'invention, d'importation, d'addition, de perfectionnement et de prolongation.

Toutes les ordonnances ou décrets qui auraient été rendus jusqu'à ce jour pour des brevets de cette nature, qui ne sont point expirés, devront être assujétis au timbre ; il en sera de même de

A reporter : 148,032,880

D'autre part : 148,032,880

toute description ou spécification. Le produit du timbre, dans cette circonstance, s'élèvera environ à 500,000

Les ordonnances ou décrets de toutes concessions de mines, de toutes autorisations de défrichements de bois, d'établissements d'usines, manufactures ou ateliers incommodes, insalubres, de première, deuxième et troisième classe; comme aussi toutes autorisations pour établir des moulins, scieries, bains, lavoirs, etc., sur le cours des rivières navigables ou flottables, devront être timbrés immédiatement, ainsi que tous les plans et descriptions qui les accompagnent à peine de révocation des autorisations. Le timbre pourra produire au moins 500,000

149,032,880

J'ai terminé pour ce qui concerne les impôts qui offrent des ressources immédiates. Je passe maintenant aux impôts qui offriront des ressources pour l'avenir.

La délivrance de tous titres nouveaux de rentes cinq pour cent, quatre et demi, quatre et trois pour cent, nécessités par suite de transfert, de perte d'inscription ou de remplacements de titres anciens, dont les cases seraient pleines, et ne laisseraient plus de place, pour poser l'estampille de paiement, seront assujétis au timbre proportionnel de 30 centimes du cent. En supposant que ces renouvellements égalent chaque année le dixième de la dette inscrite, qu'on pense être de six milliards, on aura 600,000,000 fr.; ce qui produira, dixième compris, 1,980,000

A reporter : 1,980,000

D'autre part : 1,980,000

Pour ce qui est des mutations des rentes ci-dessus, par suite de successions, de donations entre-vifs ou testamentaires, il y aura lieu, dans ces cas, à la perception du droit de mutation, comme en matière mobilière ordinaire. Ces droits seront perçus en raison des degrés de parenté. En supposant que les mutations s'élèvent au dixième de la dette inscrite, on aura 600,000,000 f. Le droit, que l'on porte, terme moyen, à 3 pour cent, produira, dixième en sus compris, 19,800,000

Les actions de la Banque de France, en les supposant à 2,500 fr. chacune, s'élèveraient à la valeur nominale de 150,000,000 fr. ; et en y ajoutant 50,000,000 pour les succursales des départements, on aura 200,000,000 fr. Il est probable qu'un dixième chaque année sera renouvelé, par suite de transfert, de pertes ou d'usure de titres. Ce dixième, qui sera de 20,000,000 fr., produira, à 30 centimes du cent, avec le dixième en sus, la somme de 66,000

On peut supposer que les mutations par suite de donations, de legs ou de successions, s'élèveront aussi à un dixième, soit 20,000,000 fr, chaque année. En assujétissant cette somme au droit proportionnel de 3 pour cent, on aura, en y ajoutant le dixième, 660,000

Actions et rentes sur la ville de Paris, qu'on peut évaluer à 60,000,000 fr. En supposant que le dixième, ou 6,000,000 fr., soit sujet à renouvellement, par suite de transferts, pertes ou usure de titres, ce cinquième, assujéti au timbre proportionnel de 30 centimes, produira, dixième compris, la somme de 19,800

A reporter : 22,525,800

D'autre part : 22,525,800

Les mutations par suite de donations, de legs ou de successions, peuvent s'élever à pareille somme de 6,000,000 fr. ; en les assujétissant au droit proportionnel de 3 pour cent, terme moyen, on aura, avec le dixième, 198,000

Tous les nouveaux titres de pension inscrits au trésor, pour quelque cause que ce puisse être, seront assujétis au timbre proportionnel de 30 centimes, sur le capital nominal au denier dix ; en supposant qu'on inscrive chaque année pour 5,000,000 fr. de pensions, on aura 50,000,000 fr. sujets au droit de 30 centimes, ce qui produira, dixième compris, 165,000

Tous les titres des obligations provenant des emprunts contractés par les villes des départements, qui seront renouvelés par suite de transferts, de perte ou d'usure, seront assujétis au droit proportionnel de 30 cent. du cent ; on peut supposer qu'un dixième de ces titres se renouvellera chaque année. Ainsi, en supposant que le montant de tous ces emprunts réunis s'élève à 100,000,000, le dixième sera de 10,000,000, ce qui produira avec le dixième, 33,000

Pareille somme sera sujette aux droits de 3 pour 0[0, en cas de mutation par suite de successions, donations ou legs. Ainsi 10,000,000 à 3 p. 0[0 produiront, y compris le dixième, 330,000

Chaque police d'assurances nouvelles, ou chaque police d'assurances renouvelées pour les immeubles donnera ouverture à un droit d'un centime pour 0[0 à percevoir sur toutes les années cumulées. En supposant que les assurances s'élèvent

A reporter : 23,251,800

D'autre part : 23,251,800

annuellement à 5,000,000,000, et que les polices soient de six années les unes dans les autres, on aura 36 milliards, qui donneront avec le dixième, 3,960,000

Compagnie d'assurances pour meubles et marchandises pour toute la France. En supposant que les assurances nouvelles et les anciennes renouvelées s'élèvent à 3,000,000,000, et que leur durée soit de six années, on aura 18 milliards, qui produiront, avec le dixième, 1,980,000

Compagnie d'assurance contre les épizooties, les chances du recrutement, la grêle, le feu du ciel et autres sinistres pour toute la France, les assurances nouvelles et les anciennes renouvelées peuvent s'élever chaque année à 5,000,000, ces assurances sont, terme moyen, pour 6 ans, on aura donc pour ces 6 années cumulées, 30,000,000, qui à un centime pour 0[0, de droit donneront, y compris le dixième, 3,300

Police d'assurance maritime, à 30 cent. p. 0[0 des marchandises, navires, etc. assurés. On doit présumer que leur valeur s'élève à 800,000,000 par an, ce qui donnera, y compris le dixième, 2,640,000

Compagnie tontinière pour toute la France et les colonies. On présume que les sommes versées annuellement dans ces compagnies, en échange des actions tontinières, s'élèvent à 30,000,000 pour toute la France; on aura pour produit, dixième compris, 990,000

Chemins de fer, renouvellement d'actions par suite de transferts, etc. En supposant que ces renouvellements égalent le cinquième par année,

A reporter : 32,825,100

D'autre part : 32,825,100

c'est-à-dire s'élèvent à 200,000,000 par an, on aura, dixième compris, 660,000

Mutation par décès, donations ou legs qu'on peut évaluer au dixième, c'est-à-dire à 20,000 000, on aura en les assujétissant au droit de 3 p. 0[0 y compris le dixième, 660,000

Actions ou obligations sur les compagnies des mines, des canaux, des ponts, des messageries, des théâtres, du gaz. En évaluant leur renouvellement, par suite de transferts, etc., à 20,000,000 par an, on aura, à 30 cent. du cent, en y comprenant le dixième. 66,000

Timbre des commissions de tous les employés qui seront nommés à l'avenir, et qui donneront lieu à un droit proportionnel de 5 p. 0[0 sur leur appointements ou sur les produits présumés de leurs offices. On peut évaluer approximativement ces renouvellements à 60,000,000 par an, ce qui produira, à 5 pour 0[0, y compris le dixième, 3,300,000

Timbre des commissions d'agents de change, courtiers de commerce, de facteurs, de notaires, d'avoués d'appel, de première instance, d'avocats à la cour de cassation, de commissaires priseurs, d'huissiers, de greffiers de cour de cassation, d'appel, des tribunaux de première instance, des tribunaux de commerce, des justice de paix. On peut évaluer le produit de toutes les commissions de ces officiers réunis à plus de 300,000,000 par an, on peut présumer que les mutations égaleront un sixième chaque année, qui sera de 50,000,000 à 5 pour 0[0, en y comprenant le dixième, on aura 2,750,000

A reporter : 40,261,100

D'autre part : 40,261,100

Diplômes des docteurs en médecine, en chirurgie, en droit, en théologie, ès-sciences et ès-lettres, de licence, de pharmacien, lettres de prêtrise, qu'on peut évaluer chaque année pour toutes les facultés, au moins à 10,000, à 200 fr. de timbre par diplômes. Le produit sera, en y comprenant le dixième en sus, de 2,200,000

Les diplômes de sages-femmes, de vétérinaires, de capacité pour les professeurs des lycées, des pensions, des institutions des deux sexes, des instituteurs primaires, des professeurs attachés aux écoles d'enseignement mutuel, des élèves de l'école normale, des Arts et Métiers, des Chartes, d'État-Major, d'Administration, des Eaux-et-Forêts, des Beaux Arts, de l'école Polytechnique, les diplômes d'officiers de santé, les certificats de capacité pour les pharmaciens des départements, pour les herboristes. En supposant qu'il y ait 10,000 brevetés chaque année, à 100 fr. par brevet, on aura avec le dixième, 1,100,000

Assujétir au timbre toutes les quittances d'inscriptions prises au secrétariat des diverses Universités, ainsi que les quittances pour subir les thèses ou les examens; assujétir pareillement au timbre toutes quittances que les élèves externes ou autres paient à l'Université à titre de rétributions pour subir les examens de capacité pour les deux sexes. On pense que le produit pourra être au moins de 150,000 f. par an, avec le dixième, 155,000

Il faudrait assujétir au droit de patente tous les notaires, tous les avocats, tous les avoués d'appel et de première instance, tous les commissaires-

A reporter : 43,716,100

D'autre part : 43,716,100

priseurs, les gardes du commerce, les agréés, les greffiers des justices de paix, les docteurs en médecine, en chirurgie, les officiers de santé, les pharmaciens, les sages-femmes, les artistes vétérinaires, les maîtres de pensions, les personnes qui tiennent des maisons de santé, les architectes, les ingénieurs civils et militaires ; les agens de la voirie ; les maîtres de musique, de danse, d'armes, d'équitation, de dessins, de comptabilité, de langues, etc. ; il serait juste de faire différentes catégories, et de fixer le taux de la patente en raison de l'importance des places où les titulaires exerceraient leurs professions, et en raison de l'importance du produit de leurs clientelles. Le produit de ces diverses professions doit être au moins de 500,000,000 fr., en fixant le taux de la patente à 5 p. 0/0 de ce produit, on aura, 25,000,000

Le papier timbré employé pour les doubles minutes qui devront être déposées dans les archives des chefs-lieux de départements et des arrondissements, comme on l'a dit ci-dessus, produiront pour l'avenir au moins par an, 3,000,000

Toutes les demandes formées pour l'obtention de brevets d'invention, d'importation, d'addition et de perfectionnement, tous les dessins, descriptions et autres pièces à l'appui, seront sur papier timbré ; toutes demandes, pétitions, réclamations adressées aux différentes administrations ; tous mémoires pour obtenir des concessions de mines, des permissions de défrichements de bois, des autorisations pour établir des usines, des

A reporter : 71,716,100

D'autre part : 71,716,100

manufactures, des ateliers de première, deuxième ou troisième classe ; toutes suppliques adressées à l'autorité compétente pour obtenir l'autorisation d'établir sur les fleuves ou rivières navigables et flottables des moulins, scieries, lavoirs, bains, etc., ainsi que tous plans et descriptions devront être sur papier timbré : on suppose que le surcroît de consommation du papier timbré dans cette circonstance, produira au moins 1,400,000

Tous les employés d'agents de change, de caissiers teneurs de livres ; tous les employés de la banque de France et des succursales ; tous les employés des receveurs-généraux, des receveurs d'arrondissement, qui ne sont pas salariés directement par l'Etat ; tous les employés des préfectures, sous-préfectures ; tous ceux des mairies ; tous les employés attachés aux compagnies des chemins de fer, non salariés par l'État ; tous ceux des compagnies d'assurances contre l'incendie, soit mutuelle, soit à prime ; tous ceux attachés aux compagnies d'assurances sur la vie ; tous ceux des compagnies d'assurances contre les incendies des mobiliers ou des valeurs mobilières, contre la grêle, les épizooties, les risques de mer, et tous autres sinistres ; tous ceux attachés aux compagnies des canaux, des mines, des théâtres, d'éclairage au gaz, d'entreprises de journaux et de toute espèce de publicité ; d'entreprises de desséchement de marais, de défrichement de landes, de plantations, d'exploitations de fermes-modèles, de fournitures de la marine, de la guerre ; tous les employés de banquiers, négo-

A reporter : 73,116,100

D'autre part : 73,116,100

ciants, commissionnaires, facteurs, courtiers; les clercs de notaires, d'avoués, d'huissiers pour toute la France. En supposant que le produit de tous ces emplois réunis soit de 500,000,000, en percevant sur ce produit 5 p. 0/0, on aura 25,000,000

On pourrait encore percevoir 5 p. 0/0 sur les émoluments des députés, qui s'élèvent pour un an, à raison de 25 fr. par jour, à 6,843,750 fr.; en y ajoutant les employés de la chambre, on aura au moins 7,000,000, ce qui produira à 5 p. 0/0 350,000

Je n'ai pas parlé des membres du conseil d'État, des maîtres des requêtes, des auditeurs et de tous autres employés qui y sont attachés; il serait cependant juste qu'ils subissent, comme tous les autres, l'impôt de 5 p. 0/0 sur le montant de leurs appointements; cet impôt doit produire approximativement 75,000

Total..... 98,541,100

Je ne considère pas les données sur lesquelles je me suis appuyé pour fixer le montant de chaque matière d'impôts, comme étant rigoureusement exactes. Pour arriver à une exactitude parfaite il aurait fallu me livrer à des recherches et à des calculs immenses, que le temps ne m'a pas permis de faire. Je pense, cependant, que les renseignements que je fournis, quelque imparfaits qu'ils puissent être, suffiront à nos législateurs pour asseoir sur le revenu un mode d'impôt qui soit tout à la fois facile et peu dispendieux à réaliser. En effet, d'après mon travail les employés de l'administration des domaines et de l'enregistrement suffiront seuls pour réaliser ce nouvel impôt sans qu'il soit besoin d'augmenter le personnel de l'administration.

Avant de commencer mon travail j'ai dû me demander

ce qu'on entendait par l'impôt sur les revenus; et quelles étaient les matières qui pouvaient en être frappées. Le revenu, selon moi, n'a que cinq éléments; il est le produit ou des immeubles, tels que prés, vignes, terres, bois, maisons, etc., ou il est le produit d'intérêts d'argent placé par obligation avec garantie hypothécaire, ou il est le produit des arrérages d'inscriptions de rentes sur le grand livre de la dette publique, des dividendes des actions de la banque de France et de ses succursales, de l'emprunt de la ville de Paris et de toutes les autres villes, des actions des chemins de fer, des canaux, des mines, des forges, des compagnies de gaz, etc., ou il est le produit de rétributions, émoluments, salaires, bénéfices attachés à certains emplois et à certaines professions; ou enfin il est le produit de l'industrie. J'ai dû me demander quels étaient parmi ces cinq éléments du revenu, ceux qui, jusqu'ici, étaient restés exempts de toute espèce d'impôts ou qui n'en étaient frappés que d'une manière très légère.

Je me suis convaincu que la propriété et l'industrie étaient déjà accablées de trop de charges pour qu'il fût raisonnable de penser à les grever davantage; quant aux obligations avec garantie hypothécaire, je me suis aussi convaincu que cette branche de revenu ne pouvait, ni en justice, ni en équité, être grevée d'aucun impôt nouveau. On partagera mon opinion lorsqu'on saura que, quoique en apparence, l'emprunteur ne paie que 5 p. 0/0 d'intérêt, l'argent lui revient en réalité à plus de 8 p. 0/0. En voici le décompte :

5 p. 0/0 d'intérêts,	5 p. 0/0
Enregistrement de l'obligation : 1 fr. 10 cent., le dixième compris,	1 10
Hononaire du notaire,	1 p. 0/0
Certificat d'inscription, état d'inscription, environ 20 cent. p. 0/0,	20
Quittance quand l'emprunteur se libère, enregistrement, 55 cent., dixième compris,	55

Honoraire du notaire, 50 cent. p. 0/0,	50
Frais de grosse, de quittance, de radiation d'inscription, de papier timbré pour les minutes, des grosses et expéditions. On ne peut les évaluer à moins de	25
Total....	8 80

Mais, me dira-t-on, c'est l'emprunteur qui paie et non le prêteur, j'en conviens; mais si vous imposez le prêteur ce dernier s'arrangera de manière que ce sera toujours le pauvre emprunteur qui supportera l'impôt; d'où je conclus qu'il vaut mieux ne pas toucher cet élément de revenu que d'aggraver la position de l'emprunteur. Il ne reste donc, selon moi, que deux éléments de revenu qui soient susceptibles d'être frappés d'impôts; je veux parler de la rente, des actions de la banque, etc., et du produit des emplois.

On me demandera peut-être pourquoi je n'assujétis la rente et autres valeurs qu'à un impôt actuel de trente centimes pour cent, et à un impôt accidentel de trente centimes ou de trois francs pour cent, selon les circonstances, au lieu de créer un impôt permanent; et pourquoi je n'impose ces matières qu'à des charges si minimes? J'avouerai que des raisons toutes politiques m'y ont déterminé. Je n'ai voulu en rien blesser le crédit; j'ai voulu le laisser subsister intact. J'ai réfléchi que le gouvernement pourrait se trouver dans la nécessité de faire des emprunts; j'ai voulu lever toutes les entraves qui pourraient le gêner; d'un autre côté, j'ai pensé que tous les engagements entre particuliers étaient assujétis au timbre et à l'enregistrement, qu'il n'était ni juste ni équitable d'en affranchir les engagements du gouvernement vis-à-vis des rentiers, ou ceux de certaines compagnies privilégiées envers leurs actionnaires, souscripteurs, etc.

Pour ce qui est de l'impôt sur le revenu provenant de

certaines charges et de certaines fonctions, j'invite mes lecteurs, surtout les titulaires d'emplois ou d'offices de cette nature, de vouloir bien méditer sur les motifs qui m'ont déterminé à proposer ce genre d'impôt. En effet, le cultivateur, le propriétaire, le négociant, l'industriel, quoique sujet à toute sorte de sinistres paie; il n'y a pas jusqu'au cordonnnier en échoppe, jusqu'au marchand d'habits galons qui parcourt les rues qui ne soit assujéti à un tribut. L'employé reçoit paisiblement ses appointements sans être tenu de payer une obole; il y a mieux, il a en perspective une retraite qui l'affranchit de toute crainte de la misère pour sa vieillesse. Je conclus de là que cet impôt est fondé tout à la fois en raison, en justice et en équité.

Qu'on y songe bien. Les circonstances sont difficiles : il faut plus que jamais que chacun contribue aux charges de l'État selon ses facultés et ses moyens. Ne l'oublions pas, la plaie d'argent peut devenir désastreuse pour la France, peut-être mortelle ! Nous avons de belles récoltes, nous jouissons d'une paix profonde à l'extérieur; les mauvaises passions qui ont tant agité l'intérieur commencent à se calmer. Nous sommes à la veille de voir des jours de paix, de tranquillité, de bonheur, briller sur notre belle France. Faisons en sorte que la question financière ne vienne point les obscurcir.

www.ingramcontent.com/pod-product-compliance
Ingram Content Group UK Ltd.
Pitfield, Milton Keynes, MK11 3LW, UK
UKHW020417230726
13925UKWH00004B/1490

9 782013 442336